C.H.BECK ■ WISSEN

W0068482

Das Buch spielt seit 5000 Jahren eine wichtige Rolle in der Geschichte der Menschheit. Es bildet die Voraussetzung für die Entwicklung der Literatur ebenso wie der Weltreligionen und der Wissenschaften. Noch vor wenigen Jahrhunderten den Eliten vorbehalten, ist der Umgang mit ihm heute alltäglich. Die vorliegende Darstellung legt den Schwerpunkt auf die europäische Buchgeschichte, nimmt aber auch andere Regionen der Welt immer wieder in den Blick.

Helmut Hilz, wissenschaftlicher Bibliothekar und Historiker, leitet die Bibliothek des Deutschen Museums in München und ist auch als Lehrbeauftragter für Buch- und Bibliotheksgeschichte tätig.

Helmut Hilz

GESCHICHTE DES BUCHES

*Von der Alten Welt
bis zur Gegenwart*

C.H.Beck

Für Benedikt und Sebastian

Mit 7 Abbildungen

Originalausgabe
© Verlag C.H.Beck oHG, München 2022
www.chbeck.de
Reihengestaltung Umschlag: Uwe Göbel (Original 1995, mit Logo),
Marion Blomeyer (Überarbeitung 2018)
Umschlagabbildung: Inneres einer Druckerei, Matthäus Merian,
Kupferstich, 1632, aus der sog. Gottfried-Chronik,
spätere Kolorierung, © akg-images, Berlin
Satz: C.H.Beck.Media.Solutions, Nördlingen
Druck und Bindung: Druckerei C.H.Beck, Nördlingen
Printed in Germany
ISBN 978 3 406 78810 9

⟨myclimate
klimaneutral produziert
www.chbeck.de/nachhaltig

Inhalt

Einleitung

Was ist eigentlich ein Buch? Dies ist auf den ersten Blick eine sehr einfache Frage. Wird doch allgemein unter einem Buch ein Druckwerk aus miteinander verbundenen, mit einem Einband versehenen Blättern verstanden. Aber was ist dann mit E-Books oder Hörbüchern? Ein Roman von Jane Austen oder Thomas Mann kann doch in einem gedruckten Buch und auf einem E-Book-Reader gelesen oder als Hörbuch angehört werden. Schon für unsere Gegenwart ist die einfach erscheinende Frage, was denn ein Buch sei, doch nicht ganz so einfach zu beantworten.

Die heute vertraute, sogenannte Codexform des Buches entstand vor fast 2000 Jahren. Aber auch davor wurden die unterschiedlichsten Texte niedergeschrieben und dauerhaft festgehalten. Tatsächlich werden umfangreichere Texte schon seit etwa 5000 Jahren in ganz unterschiedlicher Form aufbewahrt. So dienten im Altertum Tontafeln und Papyrusrollen diesem Zweck. Schriftrollen wurden mehr als 3000 Jahre – länger als jede andere Buchform – verwendet. Die Bibel oder die Werke des Aristoteles wurden über viele Jahrhunderte ausschließlich in Form von aus Papyrus oder Leder gefertigten Schriftrollen überliefert, bevor sie seit den frühen nachchristlichen Jahrhunderten dann in Codexform weiter tradiert wurden.

Die Kulturen in Ost- und Südasien wie auch in Mittelamerika kannten Bambus, Holz, Palmblatt oder Hirschleder als Beschreibstoffe für ihre Bücher. Das deutsche «Buch» und das englische «book» leiten sich ebenso wie ihre lateinische Entsprechung «liber» (davon livre, libro, livro usw.) von Schriftträgern – Buche und Bast – ab. So wurde im Verlauf der letzten fünf Jahrtausende in den unterschiedlichen Kulturkreisen eine breite Fülle von Beschreibstoffen verwendet, die aufgrund ihrer physischen Beschaffenheit zu ganz unterschiedlichen Ausformungen des Buches geführt haben. Die verschiedenen Kulturen brachten so jeweils eigene Formen des Buches hervor und haben damit auch spezifische Buchkulturen entwickelt.

Es gibt engere, sich im Wesentlichen auf die Codexform des Buches beziehende, und weitere Definitionen des Begriffs «Buch», die Tontafeln ebenso miteinschließen wie das E-Book. Letztere liegen dieser Überblicksdarstellung zu Grunde. Gemeinsam sind den unterschiedlichen, als Bücher zu bezeichnenden Objekten, gleichgültig ob es sich dabei um ein indisches Palmblattbuch oder ein modernes E-Book handelt, im Wesentlichen drei Dinge: Sie alle besitzen erstens einen Schriftträger, zweitens ist es ihre Aufgabe, Texte zu verbreiten und gleichzeitig dauerhaft aufzubewahren, und drittens zeichnet ein Buch die leichte Handhabbarkeit aus. Es kann anders als eine Inschrift einfach von einem Ort zum anderen mitgenommen werden.

Bücher haben seit dem Aufkommen der Schrift – der unabdingbaren Voraussetzung jeglicher Buchkultur – im vierten vorchristlichen Jahrtausend in den verschiedenen Kulturen ein ganz unterschiedliches Aussehen gehabt. Das gedruckte Buch, das es seit Mitte des 15. Jahrhunderts gibt, ist nur eine dieser vielen Ausformungen. Wenn auch, wie die weltweite Verbreitung zeigt, sicherlich die bislang erfolgreichste. Es steht deshalb im Zentrum dieser Überblicksdarstellung, die aus diesem Grund die Entwicklung in Europa in den Mittelpunkt stellt.

Die Geschichte wurde immer entscheidend von Büchern mitbestimmt. Judentum, Christentum und Islam sind Buchreligionen, für die als heilig angesehene Texte konstitutiv sind. Doch auch im Hinduismus und Buddhismus spielen Bücher eine wichtige Rolle. Diese Texte haben das Leben und die Kultur vieler Menschen über die Jahrtausende bis heute geprägt.

Das gedruckte Buch mit seinen wesentlich erweiterten Verbreitungsmöglichkeiten bildete die Voraussetzung für die Entwicklung von Wissenschaft und Technik in der europäischen Neuzeit. Ohne den Buchdruck wären die wissenschaftliche Revolution und die Industrialisierung nicht möglich gewesen. Ebenso wenig wie die Reformation oder die Französische Revolution ohne ihn denkbar sind.

Heute begegnet uns das Buch in vielen Formen: als gedrucktes Buch, als E-Book, als Hörbuch oder als Blindenbuch. Es kann ein vielgesuchtes, seltenes Sammelobjekt sein und ebenso ein Gebrauchs- oder sogar Verbrauchsbuch, das nach der Lektüre in einen öffentlichen Bücherschrank wandert oder auch einfach weggeworfen wird.

Es ist das Ziel dieser Überblicksdarstellung, in der Sie gerade blättern oder scrollen, dieser weitverzweigten Geschichte in ihren wichtigsten Entwicklungsschritten nachzugehen. Ist doch das Buch, in welcher Form auch immer, der wichtigste Informationsträger der Menschheit, der Informationen aller Art dauerhaft speichert und damit die grundlegende Voraussetzung für Kultur und Wissenschaft bildet.

Die Alte Welt:
Tontafeln und Schriftrollen

Anfänge der Schrift. Grundvoraussetzung für die Entstehung des Buches ist die Schrift. Deren Erfindung war ein hochkomplexer Vorgang, der mit der Entstehung erster Hochkulturen untrennbar verbunden ist. So entwickelten sich vor mehr als 5000 Jahren in Mesopotamien und Ägypten Gemeinschaften, die sich durch den Ausbau der Landwirtschaft, größere Siedlungen und die Erfindung der Schrift auszeichneten.

Mit der Keilschrift entstand in Mesopotamien zwischen 3400 und 3200 v. Chr. ein frühes Schriftsystem, das vermutlich auf die dorthin zugewanderten Sumerer zurückging. Ob die zwischen 3400 und 3100 v. Chr. in Ägypten entstandene Hieroglyphenschrift sich an diesem Vorbild orientierte oder sich unabhängig davon entwickelte, ist offen. Unklar ist auch, ob sich die Indusschrift im heutigen Pakistan (2500 v. Chr.) und die deutlich später entstandene chinesische Schrift (um 1300 v. Chr.) eigenständig oder aufgrund von Vorbildern entwickelten. Sicher scheint dagegen, dass die mittelamerikanischen

Kulturen um 600 v. Chr. ohne äußere Einflüsse zu ihrer Schrift kamen.

Die komplexen Schriftsysteme Mesopotamiens und Ägyptens mit ihren Hunderten von Zeichen erfuhren über viele Jahrhunderte eine zunehmende Phonetisierung. Sie orientierten sich also immer stärker an der gesprochenen Sprache. So war die Keilschrift zu Beginn eine Bilderschrift, die sich dann zu einer Silbenschrift wandelte. Die an der Ostküste des Mittelmeers lebenden Phönizier entwickelten im 11. Jh. v. Chr. aus der Keilschrift eine Alphabetschrift, die zum Ausgangspunkt weiterer derartiger Schriften, darunter das griechische und später auch das lateinische Alphabet, wurde.

Die Erfindung der Schrift war die Voraussetzung schlechthin für erste Vor- und Frühformen des Buches. Doch mussten auch geeignete Beschreibstoffe vorhanden sein, auf die geschrieben werden konnte. Über viele Jahrtausende verwandten die alten Kulturen unterschiedlichste Materialien: Holz, Stein, Ton, Metall, Leder, Papyrus, Pergament, Papier, Wachs und Palmblätter waren die Wichtigsten.

Der Vordere Orient. Die in Mesopotamien lebenden Völker – von den Sumerern bis zu den Assyrern – verwendeten die aus bis zu 1800 Zeichen bestehende Keilschrift. Die Zeichen wurden mit einem hölzernen Griffel in zwei bis vier Zentimeter dicke Tontafeln geritzt, wobei jeweils Vorder- und Rückseite der Tafel beschrieben wurden. Nach dem Beschreiben wurden die Tafeln in der Sonne getrocknet oder in einem Ofen gebrannt. Sie stellen die älteste Vor- oder Frühform des Buches dar. Die großen Vorteile des Beschreibstoffs Ton lagen in seiner unbegrenzten Verfügbarkeit wie in seiner dauerhaften Haltbarkeit. So wird die Zahl der bis heute erhaltenen Keilschrifttafeln auf rund eine halbe Million geschätzt. Schon Mitte des 19. Jhs. gelang die Entzifferung der bis ins erste nachchristliche Jahrhundert verwendeten Keilschrift, die nicht nur in Mesopotamien, sondern in weiten Gebieten des Vorderen Orients verbreitet war.

Erste schriftliche Aufzeichnungen sind aus dem späten vierten vorchristlichen Jahrtausend erhalten geblieben. Über rund tausend Jahre betrafen die Aufzeichnungen Wirtschaft und Verwaltung, etwa zu Schulden oder Steuern. Doch änderte sich dies in der zweiten Hälfte des dritten vorchristlichen Jahrtausends. Dies zeigt die aus dem 23. Jh. v. Chr. stammende, bisher älteste bekannte Bibliothek in Ebla im Nordwesten Syriens mit ihren literarischen Texten. Schon allein das Vorhandensein einer Bibliothek ist ein deutlicher Hinweis auf die wichtige Rolle von Aufzeichnungen aller Art für diese frühen Gesellschaften.

Um die Mitte des dritten vorchristlichen Jahrtausends entstand in Mesopotamien als früher literarischer Text vermutlich eine erste Form des bekannten Gilgamesch-Epos. Dessen älteste erhaltene Fassung fand sich unter den fast 10 000 Tontafeln, die von der Bibliothek des von 669–631 v. Chr. regierenden Assyrer-Königs Aššurbanipal in Ninive erhalten blieben. Aber auch Texte zu Arithmetik, Astronomie, Botanik und Medizin wurden hier gefunden. Für die Aufzeichnung längerer Texte, etwa des Gilgamesch-Epos, wurden mehrere, häufig mit Schnüren verbundene Tafeln verwendet.

Mit der zunehmenden Bedeutung der Schriftlichkeit wurde es notwendig, Schreiben und Lesen zu unterrichten. Die Keilschrift war ein hochkomplexes System, das vor allem von einem kleinen Kreis professioneller Schreiber beherrscht wurde. Diese über viele Jahre ausgebildeten Spezialisten genossen im Zweistromland deshalb großes Ansehen. Daneben konnte nur noch ein kleiner Teil der Oberschicht lesen, sodass die Zahl der Lesekundigen nur einen eng begrenzten Teil der Bevölkerung umfasste.

Die Hieroglyphenschrift entstand in der zweiten Hälfte des vierten vorchristlichen Jahrtausends und damit noch in der prädynastischen Zeit der ägyptischen Geschichte. Die Bezeichnung «Hieroglyphen» stammt aus dem Griechischen und bedeutet so viel wie «heilige Schriftzeichen». Viele Jahrhunderte vor dem Alten Reich (2700–2200 v. Chr.) verfügten die Menschen am Nil also bereits über eine Schrift. Neben den Hieroglyphen gab es mit der hieratischen Schrift seit dem 3. Jahrtausend auch eine leichter zu schreibende Schrift. Aus dieser wiederum entwickelte sich dann um 650 v. Chr. die demotische Schrift, die bis in die spätrömische Zeit in Verwendung war. Die Entschlüsselung der

Hieroglyphen ist dem Fund des Steins von Rosette im Jahr 1799 zu verdanken. Der im British Museum aufbewahrte Stein enthält Inschriften in Hieroglyphen, demotischer Schrift und griechischen Buchstaben. Die griechische Inschrift war für den Sprachwissenschaftler Jean-François Champollion (1790–1832) der Schlüssel zur Entzifferung zuerst der demotischen Schrift und dann der Hieroglyphen.

Die Hieroglyphen wurden vor allem als Monumentalschrift verwendet und als solche in Tempeln und Grabanlagen angebracht. Dagegen war für alle anderen Aufzeichnungen mehr die hieratische und später auch die demotische Schrift in Gebrauch. Für diese verwendeten die Ägypter einen Beschreibstoff, der sich unter den besonderen Bedingungen des ägyptischen Wüstenklimas vielfach bis heute erhalten hat, nämlich Papyrus. Unter anderen klimatischen Verhältnissen überdauerten Papyrusrollen nicht mehr als 200 bis 300 Jahre. So war dieses Material für Umwelteinflüsse wesentlich anfälliger als die in Mesopotamien verwendeten Tontafeln. Allzu leicht konnte es unter schlechten Lagerungsbedingungen verrotten oder einfach von Kleintieren aufgefressen werden.

Hergestellt wurde Papyrus aus den frisch geernteten 3 bis 4 m langen Stängeln der im Nildelta wachsenden Papyrusstaude. Die Stängel wurden in rund 40 cm lange Streifen geschnitten und anschließend in einer senkrechten und waagrechten Schicht quer übereinandergelegt und danach gepresst und geklopft. Durch den Pflanzensaft klebten die Schichten zusammen. Die so hergestellten, etwa 20 bis 25 cm breiten Blätter wurden schließlich mit Essig und Mehl zu längeren Rollen zusammengeklebt. Damit entstand schon im dritten vorchristlichen Jahrtausend die Papyrusrolle, die Form des Buches nicht nur in Ägypten, sondern später auch im antiken Griechenland und in Rom.

Der älteste erhaltene, allerdings nicht beschriftete Papyrusbogen stammt aus dem 29. Jh. v. Chr. Während es aus dem Alten Reich lediglich verschiedene Abbildungen von Papyrusrollen gibt, sind aus dem Mittleren Reich (2000–1800 v. Chr.) und den nachfolgenden Epochen bis heute über 100 Papyrusrollen entdeckt worden. Es handelt sich dabei zum einen um Totenrol-

len mit Spruchsammlungen und zum anderen um Rollen mit
Inhalten zu Literatur und Religion ebenso wie zu Astronomie,
Mathematik, Medizin und Recht. Schon 1856 war in Theben
von dem Orientalisten Émile Prisse d'Avennes (1807–1879)
eine um 1900 v. Chr. beschriebene Papyrusrolle entdeckt worden. Der über 7 m lange, eine Weisheitslehre enthaltende *Papyrus Prisse* wird in der Bibliothèque nationale de France in Paris
aufbewahrt. Bekannter ist hierzulande jedoch der in der Universitätsbibliothek Leipzig befindliche, im 16. Jh. v. Chr. entstandene und nach dem Ägyptologen Georg Ebers (1837–1898) be-
nannte *Papyrus Ebers*, ein medizinisches Lehrbuch von fast
19 m Länge.

Papyri wurden in der Regel mit einer aus Ruß, Wasser und
Gummi arabicum hergestellten Tinte beschrieben. Als Schreib-
gerät dienten zuerst dünne, gekappte Binsen, deren Spitzen man
durch Kauen weich und faserig machte. Ab dem 3. Jh. v. Chr.
wurde häufig ein angespitztes Schilfrohr, der Kalamus, verwendet.

Ausgewählte Kinder besuchten in Ägypten seit etwa
2000 v. Chr. Schulen, wo sie zu Schreibern, einem auch hier hoch
angesehenen Beruf, ausgebildet wurden. Allerdings war der Anteil der Lesekundigen an der Gesamtbevölkerung in Ägypten mit
kaum einem Prozent noch niedriger als in Mesopotamien. Lesen
war also auch hier einer kleinen Elite vorbehalten. Das große
Ansehen der Lesekundigen zeigt sich in der Darstellung hoch-
rangiger Beamter, die Statuen oft als Schreibende darstellen.

Unser Wissen über die frühe Schrift- und Buchgeschichte Mesopotamiens und Ägyptens ist heute überraschend groß. Eine
Vielzahl von Keilschrifttafeln und Papyri, die bisher noch nicht
entziffert wurden, werden diese Kenntnisse weiter vertiefen.
Dagegen ist über das frühe Buchwesen im Alten Israel nur verhältnismäßig wenig bekannt, obwohl dort seit 550 v. Chr. ein
Buch entstand, das heute zu den am weitesten verbreiteten und
am häufigsten übersetzten der Welt zählt: die Bibel. Erstmals
wurde es um 250 v. Chr. in Alexandria ins Griechische über-
setzt. Diese Übersetzung ist als Septuaginta bekannt, da die
Übersetzung von 70 jüdischen Gelehrten geleistet worden sein

soll. Noch heute verwendet die griechisch-orthodoxe Kirche diese Übersetzung im Gottesdienst.

Die Buchrolle war, wie in Ägypten, die übliche Buchform. Auch in Israel wurde sie, wie im Nachbarland, aus Papyrus hergestellt, daneben war auch Leder in Verwendung, das im gesamten Orient als Beschreibstoff eine gewisse Rolle spielte. So wurde die gereinigte und gegerbte Tierhaut ebenso von Ägyptern und Assyrern für Buchrollen genutzt.

Leder wurde auch für die Mehrzahl der berühmten, zwischen dem 2. Jh. v. Chr. und dem 1. Jh. n. Chr. entstandenen Schriftrollen verwendet, die 1947 bis 1956 in den Höhlen von Qumran nahe dem Toten Meer gefunden wurden. Es handelt sich bei diesen um die frühesten erhaltenen biblischen Texte, die um rund tausend Jahre älter sind als die bis dahin bekannten hebräischen Bibel-Handschriften. Ein Teil der Funde ist heute in Jerusalem im «Schrein des Buches» ausgestellt.

Griechenland.   Die Entwicklung im antiken Griechenland war durch eine vielfältige Kulturaneignung aus dem alten Orient gekennzeichnet. So übernahmen die Griechen von den Phöniziern im 10. oder 9. Jh. v. Chr. die Alphabetschrift und passten sie an die Bedürfnisse ihrer Sprache an. Anders als in der phönizischen Konsonantenschrift wurden in der griechischen Schrift nun auch die Vokale durch Buchstaben ausgedrückt. Auch schrieben die Griechen im Gegensatz zu den Phöniziern von links nach rechts. Schon im 7. Jh. v. Chr. wurde die Schrift in vielen Bereichen verwendet. Anfangs wurde Einzelunterricht erteilt, seit etwa 500 v. Chr. dann auch an Schulen. Anders als in Mesopotamien und Ägypten lernten in Griechenland deutlich mehr Menschen lesen und schreiben, ihr Anteil an der Bevölkerung wird für das 2. Jh. v. Chr. auf 10–15 % geschätzt. Jedoch konnten Frauen, Landbewohner und die nichtgriechische Bevölkerung seltener lesen als in Städten lebende Männer.

Von den Ägyptern wiederum übernahmen die Griechen ab dem 5. Jh. v. Chr. verstärkt den Beschreibstoff Papyrus und damit auch die Rolle als Buchform. Über die folgenden tausend Jahre wurden Papyrusrollen aus Ägypten eingeführt und dann in Griechenland beschrieben. Für alltägliche Aufzeichnungen wurden jedoch meist Ostraka, also Tonscherben, verwendet, da Papyrus ein verhältnismäßig teurer Beschreibstoff war. Dessen zentrale Rolle für die Aufzeichnung von Literatur aller Art zeigt sich darin, dass das griechische Wort «biblos» sowohl Papyrus wie auch «Buch» bedeuten kann. Aufgrund der klimatischen Bedingungen blieben in Griechenland allerdings Papyri selten erhalten. Aus der Zeit um 480 v. Chr. stammt die erste Darstellung einer Buchrolle auf einer Vase, der früheste Nachweis dieser Buchform im antiken Griechenland.

Neben Papyrus dienten den Griechen auch Leder und Pergament als Beschreibstoffe. Leder ist gegerbte Tierhaut, während bei der Pergamentherstellung die Tierhaut nicht gegerbt, sondern mit Kalk behandelt, unter Spannung getrocknet, geschabt und geglättet wird. Leder war vor der Einführung des Papyrus ein in Griechenland weit verbreiteter Beschreibstoff, dagegen ist das weniger grobe Pergament jüngeren Datums.

In größerem Umfang ist Pergament vermutlich erstmals im 2. Jh. v. Chr. in der kleinasiatischen Stadt Pergamon – von der sich auch der Name des Pergaments herleitet – hergestellt und verwendet worden, um als Ersatz für Papyrus zu dienen, dessen Einfuhr aus Ägypten zum Erliegen gekommen war. Dieser Versorgungsengpass wurde möglicherweise durch einen Streit zwischen den in Ägypten regierenden Ptolemäern und den in Pergamon herrschenden Attaliden ausgelöst. Um sicherzustellen, dass seine Bibliothek in Alexandria weiterhin die größte Sammlung besäße, hätte, so berichtet jedenfalls der im ersten vorchristlichen Jahrhundert lebende römische Gelehrte Marcus Terrentius Varro, der Ptolemäerkönig die Papyruslieferungen nach Pergamon eingestellt.

Die Autoren schrieben ihre Manuskripte auf Papyrus, Pergament oder auch auf Wachstäfelchen. Nach der Reinschrift der Texte beauftragten sie Schreiber mit der Anfertigung von Kopien auf Papyrusrollen. Deren Beschriftung erfolgte in der Regel nur auf der Innenseite, wo die Fasern horizontal verliefen und so das Schreiben einfacher war. Der Text wurde senkrecht zur Längsrichtung der Rolle in Kolumnen geschrieben. Je nach dem

Inhalt unterschied sich der Zeilenabstand, so wiesen historische und wissenschaftliche Texte besonders große Abstände auf. Wie der dafür notwendige, sicherlich gut organisierte Herstellungsprozess aber im Einzelnen aussah, ist nicht überliefert. Es ist jedoch anzunehmen, dass die Rollen von einer größeren Zahl von Schreibern serienmäßig beschrieben wurden.

Eine Rolle umfasste rund zwanzig aneinandergeklebte Papyrusblätter. Für Werke größeren Umfangs wurden deshalb mehrere Rollen benötigt, was sich bis heute in der inhaltlichen Gliederung antiker Werke in «Bücher» widerspiegelt. So umfasste das im 5. Jh. v. Chr. geschriebene Geschichtswerk des Herodot neun Rollen, weshalb moderne Ausgaben seiner *Historien* in neun Bücher gegliedert sind. Übrigens finden diese neun Rollen heute in zwei Bänden von je etwa 700 Seiten Umfang Platz.

Wer nun ein bestimmtes Buch lesen und dauerhaft besitzen wollte, hatte zwei Möglichkeiten. Er musste einen Besitzer dieses Buches ausfindig machen, sich dieses ausleihen und eine Abschrift anfertigen (lassen). Vor allem für seltene philosophische und wissenschaftliche Schriften war dies sicherlich der übliche Weg. Weiter verbreitete Schriften konnten jedoch auch im Buchhandel erworben werden. Es ist davon auszugehen, dass es seit dem 5. Jh. v. Chr. zumindest in Athen Händler gab, die auch Bücher verkauften.

Gelesen wurde eine Buchrolle, indem man die Rolle mit Hilfe beider Hände auf der linken Seite auf- und auf der rechten Seite einrollte. Nach dem Ende der Lektüre musste dann die Rolle zurückgerollt werden, sollte das Buch wieder gebrauchsbereit sein. Lesen konnte individuelle, stumme Lektüre sein, viel häufiger aber wird das halblaute oder laute Lesen, nicht zuletzt auch das Vorlesen, gewesen sein. Das Lesen erforderte sicherlich einige Übung, denn es gab noch keine Trennung zwischen den einzelnen Wörtern. Selbst gebildeten Lesern fiel das Lesen deshalb nicht immer leicht. Diese «scriptio continua» war bis ins Mittelalter üblich und stellt ein auffälliges Merkmal der griechisch-römischen Buchkultur dar.

Seit dem 4. Jh. v. Chr. entstanden – die Sammlung des Aristoteles ist dafür ein Beispiel – erste umfangreichere private Büchersammlungen. Doch gab es im klassischen Griechenland erstaunlicherweise keine bedeutenderen, allgemein zugänglichen Bibliotheken. Diese sind erst aus der Zeit des Hellenismus, der Epoche zwischen dem Regierungsantritt Alexanders des Großen 336 v. Chr. und dem Jahr 30 v. Chr., bekannt. Nun wurden an vielen Orten im griechisch geprägten östlichen Mittelmeerraum größere Bibliotheken aufgebaut, die auch über eigene Kopierwerkstätten verfügten. Die bedeutendste von ihnen, die Bibliothek des Museion in Alexandria, ist bis heute allgemein bekannt. Über deren Umfang gibt es sehr unterschiedliche Schätzungen, doch wird es für realistisch gehalten, dass der Bestand von rund 400 000 Rollen im 3. Jh. v. Chr. bis Ende des 1. Jh. v. Chr. auf 700 000 Rollen wuchs. Es ist berechnet worden, dass dies in etwa 90 000 bzw. 150 000 Bänden in einer heutigen Bibliothek entsprochen hätte. Wenn sich darunter auch viele Mehrfachstücke befunden haben dürften, so zeigen diese Zahlen doch deutlich, dass der weit überwiegende Teil der antiken Literatur verloren gegangen ist. So sind etwa von den 70 Tragödien des Aischylos und den 123 des Sophokles nur jeweils sieben Werke erhalten geblieben, der Rest ist nicht oder nur fragmentarisch überliefert worden.

Das alte Rom. Die Alphabetschrift übernahmen die Römer nicht direkt von den Griechen, sondern von den Etruskern, die sich wiederum mit ihrer Schrift am griechischen Vorbild orientiert hatten. Aus der etruskischen Schrift ging die lateinische, heute weltweit am meisten verbreitete Schrift hervor. Der Anteil der Lesekundigen wird für das 3. Jh. v. Chr. auf nur 1 bis 2 % der Bevölkerung geschätzt und stieg in den nachfolgenden Jahrhunderten allmählich an. In den ersten nachchristlichen Jahrhunderten wird deren Zahl in Italien auf rund 15 % der Gesamtbevölkerung geschätzt. Wenn auch hier frei geborene Männer mit rund 20 bis 30 % häufiger lesekundig waren als Frauen, so konnten auch von diesen etwa 10 % und damit mehr als in Griechenland lesen. Außerhalb des italienischen Kernlandes gab es ein Ost-West-Gefälle: Während in der griechisch geprägten, östlichen Reichshälfte rund 15 % der Menschen lesen konnten, waren es in den westlichen Provinzen höchstens 10%. Der hohe Alphabetisierungsgrad erklärt sich vor dem Hintergrund der riesigen Ausdehnung des Imperium Romanum, das für sein Kommunikationsnetz und seine Verwaltung dringend auf die Schrift angewiesen war.

Die Bedeutung des Lesens und des Buches in der römischen Kaiserzeit zeigen die oft auch als Statussymbol dienenden privaten Sammlungen und die öffentlich zugänglichen Bibliotheken der größeren Städte. Eine der ersten Bibliotheken dieser Art war 28 v. Chr. von Kaiser Augustus in Rom eingerichtet worden. Über die nachfolgenden Jahrhunderte hat sich das Bibliothekswesen im Römischen Reich dann in vielfältiger Form entwickelt und allein in Rom sind in der Zeit Kaiser Konstantins (306–337) nicht weniger als 28 Bibliotheken nachgewiesen. Die überall im Reich zu findenden Bibliotheken boten für bis zu 50000 Buchrollen Platz. 2017 wurde bei Ausgrabungen in Köln eine aus dem 2. Jh. stammende Bibliothek entdeckt; die älteste auf dem Gebiet des heutigen Deutschland.

Die Menschen besuchten Bibliotheken auch, um entweder selbst einen Text abzuschreiben oder um eine Abschrift in Auftrag zu geben. Ebenso wurden im privaten Rahmen Bücher untereinander ausgeliehen und dann kopiert. Diese Abschriften konnten eigenhändig gemacht werden, viele aber werden einen erfahrenen Sklaven oder auch eine Schreiberwerkstatt beauftragt haben. Wie schon in Griechenland gab es auch in Städten des Römischen Reichs Buchhandlungen. Dort wurden ältere und vor allem auch neue Werke angeboten. Letztere waren von Verlegern in ihren Schreiberwerkstätten angefertigt worden und wurden dann von den Buchhändlern in ihren Läden verkauft.

Die Römer verwendeten wie die Griechen seit dem 3. Jh. v. Chr. als Beschreibstoff meist Papyrus und damit auch die Buchrolle. Während von den in Griechenland entstandenen Buchrollen nur wenige Spuren erhalten blieben, gibt es einen reichen Fundus an Schriftrollen aus römischer Zeit. Dieser ist vor allem auf eine Katastrophe zurückzuführen: den Ausbruch des Vesuv im Jahre 79 n. Chr. Pompeji, Herculaneum, Oplontis und Stabiae wurden unter Staub- und Aschemassen begraben

Die Römer bewahrten Buchrollen oft übereinandergeschichtet in Regalen auf. Das Relief, nach dem die Zeichnung ausgeführt wurde, ist heute verschollen.

und auf diese Weise blieben auch zahlreiche Zeugnisse der antiken Buchgeschichte erhalten. Vor allem der Fund der verkohlten Reste von etwa 1000 Schriftrollen in der Villa dei Papiri in Herculaneum hat eine Fülle neuer Einsichten eröffnet. Diese bereits Mitte des 18. Jhs. entdeckten Objekte enthalten griechische und lateinische Texte aus Literatur und Wissenschaft. Während in der Vergangenheit Versuche, Teile der verkohlten Reste zu lesen, nicht selten zu deren endgültiger Zerstörung führten, ist es mit Hilfe modernster, zerstörungsfrei arbeitender Technik (der Phasenkontrast-Röntgentomografie) heute möglich, zumindest Teile der Rollen wieder zu lesen.

Pergament wurde im Römischen Reich dagegen wenig geschätzt und galt als minderwertig. So wurde es zwar für literarische Entwürfe verwendet, jedoch nicht für dauerhaft aufzubewahrende Schriftrollen. Zum vorherrschenden Beschreibstoff wurde es daher erst ab dem 4. Jh., als sich die Versorgung mit Papyrus verschlechterte und zugleich die Buchrolle ihre Stellung als vorherrschende Buchform zusehends verlor.

Aus bildlichen Darstellungen und archäologischen Funden ist bekannt, dass die Schriftrollen nach außen ungeschützt waren und deshalb leicht beschädigt werden konnten. Die Römer verwahrten sie entweder auf einem Regal liegend, in einem Schrank oder steckten sie auch aufrecht in ein meist rundes Gefäß; diese schon seit Jahrhunderten verwendeten Buch-Behälter hießen im Griechischen «biblio-thékē» und im Lateinischen «capsa». Das Finden der richtigen Rolle erleichterten an der Buchrolle angeklebte Pergamentstreifen mit Angaben zum Inhalt.

Papyrus wie Pergament waren teure Beschreibstoffe, weshalb man für das Alltagsleben eher die auch schon von den Griechen genutzten, mit Wachs überzogenen Holztäfelchen verwendete, die für die Erstellung von Manuskripten, den Schulunterricht und ebenso für den Briefverkehr gebraucht wurden. Alles, was nicht dauerhaft zur Verfügung stehen musste, wurde auf solche Wachstäfelchen geschrieben. Wurde ein Text nicht mehr benötigt, konnte er einfach entfernt und die Wachsfläche neu beschriftet werden. Dabei konnten auch bis zu zehn Tafeln zu einer Art Notizblock zusammengebunden werden. Diese Blöcke von Wachstäfelchen waren das Vorbild für die spätestens im ersten nachchristlichen Jahrhundert einsetzende allmähliche Entwicklung der bis heute vorherrschenden Form des Buches. Es wurde damit begonnen, die inneren Wachstäfelchen durch Blätter aus Papyrus oder Pergament zu ersetzen, wodurch man damit eine einfache Form des Buches in seiner bis heute geläufigen Form erhielt. Die Blätter aus Papyrus oder Pergament wurden dabei zuerst gefaltet und dann geheftet. Derartige mehrseitige Notizbücher wurden als «Codex» (Plural: Codices) bezeichnet. Diese Erfindung stellt einen epochalen Einschnitt und damit eines der zentralen Ereignisse in der Geschichte des Buches dar, vergleichbar mit der Erfindung des Buchdrucks und dem Aufkommen der elektronischen Bücher.

Gegen Ende des ersten nachchristlichen Jahrhunderts sind, so berichtet es der römische Dichter Martial (40–103/104 n. Chr.) in seinen *Epigrammen*, die ersten literarischen Werke als Codices erhältlich gewesen. Diese besaßen gegenüber den Buchrollen viele praktische Vorteile: Das Lesen eines Codex war schlichtweg bequemer als das einer Buchrolle. Während bei dieser beide Hände für das gleichzeitige Ab- und Aufrollen benötigt wurden, war bei der Lektüre eines Codex eine Hand für die Anfertigung von Notizen frei. Im Unterschied zum Lesen in einer Buchrolle war es auch leichter möglich, mit mehreren Codices zugleich zu arbeiten. Anders als bei der Buchrolle konnten, vorausgesetzt es wurde Pergament für die Blätter verwendet, Vorder- und Rückseite beschriftet werden. Ein Codex war damit wesentlich platzsparender und ermöglichte es, Texte in einer kompakteren Form aufzubewahren. Zudem war er robuster als eine Rolle und hielt auch Feuer besser Stand. Ein deutlicher Vorteil zeigte sich aber vor allem beim leichteren Auffinden von Textstellen. Auch wenn für die Gebildeten der Antike der Umgang mit einer Buchrolle etwas Alltägliches war, so ist es kaum vorstellbar, dass sie eine gesuchte Stelle in einer Buchrolle ebenso schnell finden konnten wie in einem Codex.

Während der frühen nachchristlichen Jahrhunderte gab es nichtsdestoweniger ein langwährendes Nebeneinander von Schriftrollen und Codices. Trotz deren vielfältiger Vorteile bevorzugten viele Menschen, vor allem aus den gehobenen sozialen Schichten, weiterhin die Lektüre in den vertrauten Buchrollen. Der Anteil der Codices stieg deshalb nur langsam an und erst um 300 dürfte deren Zahl und die der Buchrollen etwa gleich hoch gewesen sein. Im Verlauf des 4. Jhs. setzte sich dann jedoch der Codex endgültig durch und wurde zur vorherrschenden Buchform. Gegenüber dem Codex konnte sich die handgeschriebene Schriftrolle bis heute nur im jüdischen Gottesdienst behaupten, in dessen Mittelpunkt die Lesung aus der Thorarolle steht.

Die neue und uns bis heute vertraute Buchform wurde in den ersten Jahrhunderten gerne für juristische Texte verwendet. Im Sinne von «Gesetzbuch» ist das Wort «Codex» ein bis heute allgemein verwendeter Begriff. Für die Durchsetzung der neuen Buchform spielte aber vor allem die zunehmende Verbreitung des Christentums eine wichtige Rolle: Die frühen Christen bevorzugten die neue Form des Buches gegenüber der Schriftrolle, weshalb sich die Erhebung des Christentums zur Staatsreligion im Jahr 380 und die endgültige Durchsetzung des Codex zeitlich überlappen. Der umfangreichste aus der Antike erhaltene

Codex ist der um die Mitte des 4. Jhs. niedergeschriebene *Codex Sinaiticus*, der große Teile des Alten Testaments und die vollständige Abschrift des Neuen Testaments enthält.

Das frühe Buch in Ostasien. Es ist umstritten, ob die Entwicklung der Schrift in China ohne äußere Einflüsse begann oder ob, wie auch immer, die Erfindung der Schrift in Mesopotamien Vorbild war. Gesicherte Belege für die Existenz einer Schrift finden sich aus der zweiten Hälfte des zweiten vorchristlichen Jahrtausends. Als erste Beschreibstoffe dienten Schildkrötenpanzer, Muschelschalen und Tierknochen, auf denen Orakelsprüche aufgezeichnet wurden. Seit dem 14. Jh. v. Chr. kamen Inschriften in Bronze, gebranntem Ton, Jade und vor allem auf Bambustäfelchen hinzu.

Es gab zwar auch Inschriften mit längeren Texten, die eine buchähnliche Aufgabe erfüllten, doch eine Buchkultur im eigentlichen Sinn entwickelte sich erst im ersten vorchristlichen Jahrtausend mit der Nutzung leichter zu beschreibender und zu transportierender Beschreibstoffe. Für diese frühen Bücher wurden vorrangig Bambus, Seide und Holz verwendet.

Bambus musste getrocknet, entrindet, in Streifen geschnitten und über Feuer getrocknet werden, um eine lange Haltbarkeit zu erreichen. Die etwa 1 bis 2 cm breiten Bambusstreifen hatten eine Länge von ungefähr 30 cm. Darauf wurde mit Pinsel und wasserunlöslicher Tinte oder Tusche geschrieben. Die zusammengehörigen Streifen eines Textes wurden mit Hilfe quer zu den Bambusstreifen verlaufender Schnüre aus Hanf oder Seide zu langen, roll- oder faltbaren Tafeln verbunden. Bambus blieb bis ins 4. Jh. n. Chr. ein häufig verwendeter Beschreibstoff. Allerdings hatte er den großen Nachteil, dass längere Texte schwer und unhandlich waren. Die längliche Form der Bambusstreifen bestimmte dabei die Schreibrichtung – in Spalten von oben nach unten und von rechts nach links – und prägte so bis zu den Reformen im 20. Jh. die Anordnung der Schriftzeichen.

Seit dem 7. Jh. v. Chr. wurde auch auf Seide geschrieben. Deren Herstellung war arbeitsaufwändig und der Stoff entsprechend teuer. Allerdings war die Schreibfläche größer und zudem unkompliziert zu beschreiben. Auch waren aus Seide hergestellte Buchrollen leichter als solche aus Bambus und daher einfacher zu transportieren. Seide blieb in China bis ins 6. Jh. n. Chr. ein verbreiteter Beschreibstoff.

Zu diesen frühen Materialien trat in der Zeit der Han-Dynastie (206 v. Chr. – 220 n. Chr.) das Papier. Dessen Erfindung stellt nicht nur für die Geschichte des Buches einen epochalen Schritt dar, jedoch lässt sich der Entstehungszeitraum nicht sicher feststellen. Die offizielle chinesische Kaiserchronik schreibt sie Cai Lun zu, der die Werkstätten am kaiserlichen Hof leitete. Danach hätte dieser die Erfindung im Jahr 105 n. Chr. gemacht. Jedoch wird heute aufgrund von Funden davon ausgegangen, dass erste Verfahren der Papierherstellung bereits im 2. Jh. v. Chr. entwickelt und dann schrittweise verbessert wurden. Als Rohstoff wurde zu Beginn Hanf verwendet. Cai Lun kommt wohl das Verdienst zu, dass er die Verwendung besser geeigneter Materialien – etwa von Fasern des Maulbeerbaums und von Stoffresten – eingeführt hat und damit qualitativ höherwertige Papiere herstellen konnte. Die Rohstoffe wurden in einem Mörser zerstampft, in kleine Teilchen aufgelöst und mit Wasser vermengt. Der so gewonnene Papierbrei wurde auf ein Sieb aufgegossen, auf diese Weise wurden einzelne Blätter hergestellt, die anschließend getrocknet und geglättet wurden. Gegenüber dem Bambus zeichnete es sich durch das geringere Gewicht und gegenüber der Seide durch den niedrigeren Preis aus.

Während der ersten nachchristlichen Jahrhunderte waren damit in China die Beschreibstoffe Bambus, Seide und Papier parallel in Verwendung. Die Sammlungen zur Zeit der Han-Dynastie umfassten entsprechend Bücher aus ganz unterschiedlichen Materialien. So auch die seit dem 1. Jh. v. Chr. bestehende erste große, kaiserliche Bibliothek, deren Bestand auf rund 13 000 Rollen geschätzt wird. Da es in den vorangegangenen Jahrhunderten wiederholt zur Vernichtung von Büchern gekommen war, spiegelt deren Bestand den Gesamtumfang der chinesischen Buchproduktion bis dahin jedoch nur eingeschränkt wider.

Wie die Bambusbücher wurden auch die etwa 20 cm breiten

Seidenstreifen und die zu Bahnen zusammengeklebten einzelnen Papierseiten in gerollter Form aufbewahrt. Eine Buchrolle – egal ob aus Bambus, Seide oder Papier – konnte eine Länge von mehreren Metern aufweisen. Ähnlich wie im Mittelmeerraum stellte so auch in Ostasien die Rolle eine wichtige frühe Form des Buches dar: Während des gesamten ersten nachchristlichen Jahrtausends blieb die Buchrolle die klassische chinesische Buchform. Dabei war es üblich, mehrere dieser Rollen in einer gemeinsamen Hülle aufzubewahren. Die Buchrollen, vor allem solche mit erzählendem Inhalt, wurden auch häufig illustriert. Im Zuge von Grabungen wurden im Verlauf des 20. Jhs. Schriften auf Bambus, Holz und Seide gefunden. Es handelte sich dabei um Klassiker des Konfuzianismus ebenso wie um Texte zu Medizin, Kriegswesen, Philosophie und Wahrsagerei.

China bildete wie auf vielen Gebieten so auch in der Buchkultur das Vorbild für die anderen ostasiatischen Kulturen. Die Beschreibstoffe wie die Buchform wurden nacheinander von den Koreanern und Japanern übernommen. So verbreitete sich das Wissen über die Papierherstellung möglicherweise schon im 3. Jh. nach Korea und von dort spätestens im 7. Jh. weiter nach Japan. Eine Buchkultur im engeren Sinn entstand in Japan allerdings erst am Ende des ersten nachchristlichen Jahrtausends. Aus früheren Jahrhunderten sind lediglich Inschriften auf Bronzespiegeln oder Siegeln erhalten.

Die Handschriften des Mittelalters

Byzanz und die islamische Welt. Südosteuropa und der Vordere Orient gehörten nach der Teilung des Imperium Romanum im Jahr 395 zu dem aus dessen Osthälfte hervorgegangenen Byzantinischen Reich mit Konstantinopel als kulturellem und politischem Zentrum. Anders als im Westen blieb hier die antike Buchkultur lebendig und so ist Byzanz die Überlieferung eines großen Teils der griechischen Literatur zu verdanken. Schriften

wurden in Klöstern – etwa auf dem Athos oder im Katharinen-
kloster auf dem Sinai –, aber auch in weltlichen Werkstätten
und der kaiserlichen Bibliothek auf Pergament, seit dem 11. Jh.
auch auf das aus dem arabischen Raum importierte Papier,
abgeschrieben. Im Mittelpunkt standen zwar religiöse Schriften, doch wurden auch antike literarische und wissenschaftliche
Werke kopiert. Ein heute in der Österreichischen Nationalbibliothek verwahrtes, als *Wiener Dioskurides* bezeichnetes Kräu-
terbuch zeigt die Beschäftigung mit den Naturwissenschaften
im frühen 6. Jh. Bücher mit reichhaltigen Illustrationen wie dieses standen in Byzanz neben solchen mit einem eher schlichten
Erscheinungsbild. Die byzantinische Buchmalerei hat vor allem
Russland, aber auch den Westen des Kontinents beeinflusst.

Mit der arabischen Expansion verlor das Byzantinische Reich
jedoch nach 632 große Teile des Vorderen Orients. Die Levante
gehörte nun zum vom Islam beherrschten Teil der Welt und dessen Kultur prägte, trotz der großen christlichen und jüdischen
Minderheiten, immer stärker die Region. Die arabische Schrift
war zwischen dem dritten und fünften nachchristlichen Jahrhundert entstanden und verbreitete sich mit der Islamisierung
im Vorderen Orient und Nordafrika. In der vorislamischen Zeit
gab es auf der arabischen Halbinsel noch keine Bücher, sondern
lediglich Inschriften. Erst mit der Hedschra, der Auswanderung
des Propheten Mohammed nach Medina im Jahr 622, taucht
auch das Wort «kitāb» auf, was im Arabischen «Buch» bedeutet. Nach dem Tod Mohammeds 632 wurde die bisher münd-
lich überlieferte Lehre im Koran schriftlich niedergelegt. Die
heilige Schrift des Islam steht damit am Beginn der arabischen
Buchkultur.

Mit der Eroberung bislang byzantinischer Gebiete stießen die
Araber auf eine reiche, vom Codex geprägte Kultur, und so
wurde dieser zur Buchform auch der arabisch-islamischen Welt.
Aller Wahrscheinlichkeit nach wurde auch der Koran von Anfang an in Form des Codex gestaltet. Leider sind aber von diesem keine frühen Niederschriften erhalten geblieben, so dass
diese Frage nicht sicher geklärt werden kann. Eine große Rolle
spielte schon bald die aufwändige kalligrafische Gestaltung der

Handschriften. Das arabische Alphabet mit seinen 28 Buchstaben, die in über 100 Zeichen dargestellt werden, bildet den Hintergrund für die Entstehung der Kalligrafie in diesem Raum.

Schon im 8. Jh. entstanden weitere Werke in arabischer Sprache, so übersetzte Ibn al-Muquaffa eine ursprünglich aus Indien stammende Sammlung von Fabeln unter dem Titel *Kalīla wa-Dimna*, die am Beginn der weltlichen Literatur steht. Das Arabische wurde zur Schriftsprache der gesamten islamischen Welt und auch Dichter in Nordafrika und auf der Iberischen Halbinsel verwendeten sie. Die Kulturzentren der arabisch-sprachigen Länder prägte eine blühende Buchkultur mit einer breiten Übersetzungstätigkeit; Werke griechischer Herkunft wurden ebenso ins Arabische übertragen wie solche aus dem Persischen.

Eine so breite und reichhaltige Buchproduktion wurde erst mit der Einführung des Papiers als vergleichsweise billigem Beschreibstoff möglich. Während in der Frühzeit des Islam neben Papyrus vorrangig Pergament verwendet worden war, tauchte schon im Verlauf des 8. Jhs. das Papier in den ersten islamischen Ländern auf. Nach einer Überlieferung wurde das Wissen um dessen Herstellung durch chinesische Gefangene bekannt. Samarkand im heutigen Usbekistan war vermutlich die erste Stadt der islamischen Welt, in der Papier hergestellt wurde. Von Mittelasien wanderte die Kenntnis der Papiermacherei westwärts und erreichte 795 Bagdad. Schon im Verlauf des nachfolgenden Jahrhunderts wurde Papier zum vorherrschenden Beschreibstoff der gesamten arabisch-islamischen Welt. Als Rohstoffe wurden Hanf, Leinen, Baumwolle sowie Lumpen verwendet, da es anders als in China keine der dort neben Textilresten verwendeten Papiermacherpflanzen (Papiermaulbeerbaum, Bambus) gab. Für die Herstellung wurde wie später auch in Europa zum Teil schon die Wasserkraft genutzt.

Die Blüte der arabischen Kultur und Wissenschaften wäre ohne Papier nicht möglich gewesen. Für die Herstellung der Handschriften wurden Tausende von Kopisten benötigt. Bei der Gestaltung von Prachthandschriften arbeiteten aber vor allem auch zahllose Buchmaler und Kalligrafen mit. Letztere genossen höchstes Ansehen, da sie die ornamental verzierten, ansonsten jedoch bilderlosen Handschriften des Koran anfertigten. Werke der Poesie, vor allem aber Bücher zu Astronomie, Medizin, Botanik und Zoologie wurden dagegen zum besseren Verständnis aufwändig illustriert.

Mit der Ausweitung der Buchproduktion wuchs auch die Nachfrage nach der Arbeit der Buchbinder. So soll es in Bagdad im 9. Jh. rund hundert Buchbinderbetriebe gegeben haben. Die Einbandkunst erreichte ein hohes Niveau und kann in ihren Leistungen mit den dekorativen Arbeiten in Moscheen und Palästen verglichen werden. Geometrische Muster stellten das wesentliche Element der künstlerischen Gestaltung dar. Während in Europa der Buchschnitt, d. h. die drei offenen Seitenflächen des Buchblocks, meist ungeschützt blieb, besaßen historische Einbände in der arabisch-islamischen Welt zusätzlich eine Art Klappe zum Schutz des Buchschnitts.

Die gestiegene Buchproduktion spiegelt sich in der Entstehung einer Vielzahl von Bibliotheken wider, die, selbst wenn deren Größe übertrieben wurde, zweifellos den Umfang der zeitgenössischen europäischen Klosterbibliotheken mit ihren wenigen hundert Bänden weit übertrafen. So soll das «Haus der Weisheit» (bait al-hikma), eine Bibliothek und Lehranstalt in Bagdad, 1,5 Millionen, die Fatimiden-Bibliothek in Kairo 600 000 und die Umayyaden-Bibliothek in Córdoba 400 000 Bücher besessen haben.

Seit dem 12. Jh. aber befand sich die Buchkultur in einigen Regionen der arabisch-islamischen Welt im Niedergang. Die Einfälle der Mongolen und der Kreuzritter, aber auch die verstärkte Rolle strenggläubiger Muslime, hinderten die Arbeit der Gelehrten wie der Bibliotheken. Eine Ausnahme bildete al-Andalus, das maurische Spanien, wo bis zur Reconquista weiter eine vielfältige Buchkultur gepflegt wurde, die mit ihrer Übersetzungstätigkeit großen Einfluss auf das christliche Europa des Spätmittelalters nahm.

Das Buch im europäischen Mittelalter. Umberto Ecos 1980 erschienener Roman *Der Name der Rose* und dessen Verfilmung prägen bis heute bei vielen die Vorstellung von der Bücherwelt des Mittelalters. Doch spielten Bücher – anders als in der islamischen Welt und in China – bis zum Ende des 11. Jhs. in Europa nur im Leben sehr weniger Menschen tatsächlich eine Rolle. Schon allein weil die Lesefähigkeit im Früh- und Hochmittelalter auf einen kleinen, vorwiegend aus Klerikern bestehenden Kreis begrenzt war, der, um auch andere teilhaben zu lassen, oft laut las. Selbst die größten Büchersammlungen umfassten im Mittelalter nur einige hundert Bände. Gleichzeitig aber wurden einzelne Bücher über viele Jahrhunderte als nahezu sakrale Objekte verehrt und entsprechend gestaltet.

Seit dem 12. Jh. begannen Bücher eine größere Rolle für die Gesellschaft zu spielen und veränderten dabei auch ihr Aussehen. Der wesentliche Grund dafür war die wachsende Bedeutung von Schulen und Universitäten, und mit ihnen wuchs auch die Bedeutung des Buches. Die Handschriftenproduktion stieg nun von Jahrhundert zu Jahrhundert an und erreichte schließlich am Ende des Mittelalters ihren Höhepunkt.

Die Skriptorien.   Mit dem Untergang des Römischen Reichs im 5. Jh. ging im Westen auch die griechisch-römische Buchkultur zu Ende. Die öffentlichen und privaten Bibliotheken verfielen und nur ein Bruchteil der antiken Literatur wurde als überlieferungswürdig angesehen. So ist, um ein Beispiel zu nennen, von der vermutlich reichhaltigen antiken Literatur zur Technik nur ein einziges Werk vollständig erhalten geblieben, Vitruvs *De architectura libri decem*. Die Überlieferung war im Früh- und Hochmittelalter die Aufgabe der seit dem 6. Jh. entstehenden Klöster und ihrer Schreiberwerkstätten, der Skriptorien. Deren Schwerpunkt lag auf der für die Liturgie unverzichtbaren Anfertigung von Kopien der biblischen Schriften und der zugehörigen Kommentare. Die ersten der die mittelalterliche Buchkultur prägenden Klöster wurden in Süditalien von Benedikt von Nursia in Montecassino (529) und von Cassiodorus in Vivarium (um 555) gegründet. Früh entwickelte sich daneben auch in Irland ein eigenständiges Kloster- und Buchwesen.

In Italien und Frankreich, auf den Britischen Inseln und in Deutschland entstanden allein bis zur Mitte des 11. Jhs. mehr als 10 000 Klöster des Benediktinerordens mit ihren Skriptorien und Bibliotheken. Die Bedeutung, die der Orden dem Buch zumaß, zeigt der Idealplan des Klosters St. Gallen mit Bibliothek und Skriptorium in unmittelbarer Nähe der Kirche. Dieser Plan entstand im 9. Jh. als sich mit der karolingischen Renaissance die Buch- und Schriftkultur belebte.

Im 11. und 12. Jh. erreichte die Buchproduktion der Klöster ihren Höhepunkt. Vom Ende der Antike bis ins Hochmittelalter hinein wurden Bücher fast ausschließlich in deren Skriptorien hergestellt. Diese waren in möglichst hellen Räumen untergebracht, in denen Kopisten und Buchmaler an Pulten arbeiteten. Skriptorien gab es während des gesamten Mittelalters nicht nur in Männer- sondern auch in verschiedenen Frauenklöstern. Die Skriptorien produzierten vorwiegend für den Eigenbedarf, fertigten aber auch Auftragsarbeiten und Bücher für den Tausch mit anderen Bibliotheken an und trugen so zur wirtschaftlichen Existenz der Klöster bei. Bücher aber waren für das Christentum, das wie das Judentum und der Islam eine Buchreligion ist, schlechthin die Grundlage.

Mit der Gründung der dortigen Universitäten entstanden in Bologna, Oxford und Paris um 1200 erste Schreiberwerkstätten außerhalb der Klöster. Hundert Jahre später gab es solche Werkstätten dann schon in vielen Städten vor allem im Westen Europas. Dort wurden die von Lehrenden und Studierenden benötigten Texte abgeschrieben, gleichzeitig aber wurde dort auch oft für Adlige und wohlhabende Bürger gearbeitet. Anders als in den Klöstern wurden deshalb sehr viel mehr Texte weltlichen Inhalts, etwa zu Medizin oder Recht, kopiert. Das Schreiben ohne Worttrennung, die «scriptio continua», gehörte nun endgültig der Vergangenheit an. Auch besaßen diese Bücher zur leichteren Orientierung und zum schnelleren Nachschlagen nun Inhaltsverzeichnisse und Kolumnentitel.

Die Voraussetzung dafür war freilich, dass sich die Lesefähigkeit allmählich in weiteren Kreisen verbreitete. Die Gründung von Universitäten und der zunehmende Fernhandel waren dafür wichtige Treiber. Der Grad der Alphabetisierung wies in Europa allerdings große regionale Unterschiede auf, wobei, wie nicht anders zu erwarten, Leser vor allem in Städten zu finden waren. Im Spätmittelalter waren mittel- und norditalienische Stadtstaaten wie Florenz oder Venedig am weitesten fortgeschritten. Dort konnte schon ein gutes Drittel der Männer lesen und schreiben. Die Papstresidenz in Avignon wie auch Städte in Flandern, Holland und England hatten mehr lesekundige Bewohner als Augsburg oder Nürnberg. Die meisten Regionen Europas aber kennzeichnete auch am Ende des Mittelalters noch ein weitgehender Analphabetismus. Der Anteil der Lesekundigen an der europäischen Gesamtbevölkerung lag am Ende des Mittelalters nur bei wenigen Prozent. Zudem gab es einen erheblichen Geschlechterunterschied: Frauen lernten, da ihnen nur Frauenklöster dazu die Möglichkeit boten, noch deutlich seltener als Männer lesen und schreiben.

Eine für Lesen und Wissenschaft zentrale Erfindung stellte die Brille dar, die im letzten Drittel des 13. Jhs. in der Toskana gemacht wurde. Voraussetzung dafür war die Entwicklung vollkommen klaren Glases und neuer Methoden zum Schneiden von Glas und Kristall. Mit der Brille war es den Gebildeten nun möglich, auch in höherem Alter noch zu lesen. Auch deshalb stieg die Nachfrage nach Büchern an. Während in Italien Brillen schon bald nicht mehr außergewöhnlich waren, verbreitete sich die Erfindung im übrigen Europa aber nur langsam. So waren erst um die Mitte des 15. Jhs. auch in Deutschland Brillenmacher zu finden.

Ein Buch entsteht.   Anders als in Ostasien und im islamischen Kulturraum, wo Papier schon im ersten nachchristlichen Jahrtausend der vorrangige Beschreibstoff war, blieb es in Europa bis ins 13. Jh. das Pergament. Für dessen Herstellung wurden in Südeuropa eher Schafs- und Ziegenhäute, im Norden dagegen vorwiegend Kalbshäute verwendet. Ein großer Vorteil des Pergaments lag darin, dass anders als bei Papyrus der «Rohstoff» – also die Tierhäute – überall vorhanden war.

Die ungegerbte Tierhaut wurde zuerst einen Tag und eine Nacht in fließendem, kaltem Wasser gewässert und so gereinigt. Um die Haare zu lockern, folgte daraufhin ein mehrtägiges Ein-

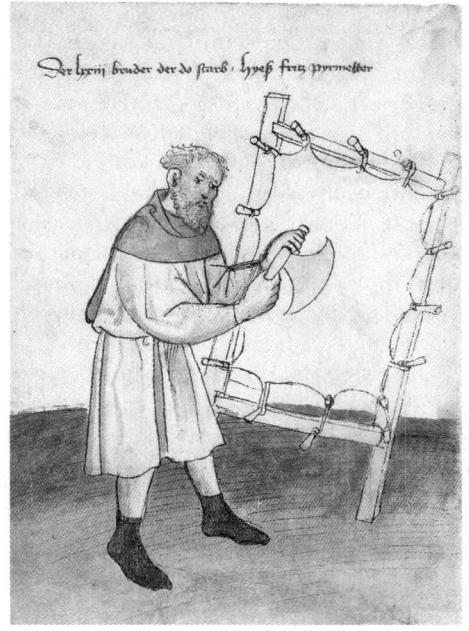

Ein Pergamentmacher beim Bearbeiten einer aufgespannten Tierhaut mit einem Schabeisen. Pergament wurde im Spätmittelalter allmählich vom Papier verdrängt.

weichen in einem Kalkbad. Anschließend kamen die Häute auf den Scherbaum, wo nun die Haare abgekratzt werden konnten. Danach wurde die Haut wiederum zwei Tage gewässert und anschließend in einen Rahmen eingespannt. Noch vorhandene Haar- und Fettreste konnten dort entfernt und die Haut schließlich getrocknet werden. Auf diese Weise wurde ein leicht transparenter, blassgelber Pergamentbogen hergestellt, der abschließend noch einmal geglättet und dann auf die Größe einer Doppelseite im gewünschten Format zugeschnitten wurde. Trotz der aufwändigen Behandlung konnte die Haarseite der Haut weiterhin von der Fleischseite unterschieden werden. Jedoch ergab sich dadurch kaum ein merklicher Unterschied in der Beschreibbarkeit des Pergaments.

Die Herstellung von Pergament war aufwändig und auch für wenig umfangreiche Bücher wurden viele Häute benötigt. So brauchte man für eine 35 bis 40 cm große, 100 Doppelblätter umfassende Handschrift mindestens 25 Häute. Allein dies machte mittelalterliche Bücher teuer und hemmte den Aufbau größerer Büchersammlungen. Da Pergament viel kostete, wurden als überflüssig angesehene Texte einfach abgeschabt oder abgeschliffen. Anschließend konnte das Pergament wieder neu beschrieben werden. Eine derartige Handschrift wird als Palimpsest (griech.: wieder abgeschabt) bezeichnet. Mit Hilfe moderner Verfahren ist es möglich, die ursprünglichen Texte zumindest zum Teil wieder sichtbar zu machen. Auf diese Weise konnten manche der verloren geglaubten Texte aus Antike und Mittelalter wiedergefunden werden.

Über viele Jahrhunderte wurde Pergament ausschließlich in Klöstern produziert. Dabei spiegelte die Qualität des Pergaments das Niveau des örtlichen Skriptoriums wider. Mit der allmählichen Ausweitung der Buchproduktion entstanden seit 1100 auch außerhalb der Klöster Werkstätten von Pergamentmachern, die Klöster wie auch die allmählich entstehenden Kopierstuben in den Städten belieferten.

Dagegen spielte Papier in Europa erst ab dem 13. Jh. eine Rolle. Lediglich in Spanien und Süditalien, die mit dem arabisch-islamischen Raum eng verbunden waren, wurde schon im 9. Jh. Papier verwendet, allerdings noch nicht für Bücher und Urkunden sondern vor allem für Briefe. Das Papier hierfür wurde lange aus den orientalischen Ländern importiert und im späten 13. Jh. schließlich erstmals auch im mittelitalienischen Fabriano hergestellt. Es sollte noch bis zum Ende des 14. Jhs. dauern, bis endlich auch in Deutschland eine Papiermühle den Betrieb aufnahm. 1390 gründete Ulman Stromer, ein Nürnberger Patrizier, vor den Toren seiner Stadt die erste Papiermühle. Mitte des 15. Jhs., als Papier schon zum wichtigsten Beschreibstoff geworden war, gab es in Deutschland bereits um die 20 Papiermühlen. Mit der Einführung des Papiers sanken die Preise für Bücher, die damit in größeren Mengen produziert werden konnten.

Die Herstellung der Bücher erfolgte in den klösterlichen Skriptorien in einem arbeitsteiligen Verfahren, an dem ein

Skriptor, ein Rubrikator und oft auch ein Buchmaler beteiligt sein konnten. Der Skriptor war der Mönch – bei eiligen Aufträgen konnten es auch mehrere Mönche sein – dessen Aufgabe das Abschreiben der Vorlage war. Bevor er mit dem Schreiben beginnen konnte, nahm er die Linierung und damit die Festlegung der Zeilenhöhe und der Zeilengrenze vor. Diese Entscheidung bestimmte den späteren Umfang des Buches und war damit auch in wirtschaftlicher Hinsicht von Bedeutung. Anschließend begann der Skriptor dann mit dem Abschreiben des vorliegenden Textes. In einem großen Skriptorium, in dem der Vorlagentext vorgelesen wurde, konnten auch mehrere Abschriften gleichzeitig gefertigt werden. Geschrieben wurde mit einer Vogelfeder, die mit dem «Federmesser» immer wieder nachgeschnitten werden musste. Die zum Schreiben benötigte Tinte hatte der Skriptor in einem kleinen Rinderhorn, das er in einer Vertiefung seines Schreibpults aufbewahrte. Als schwarze oder braune Tinten wurden Ruß-, Dornrinden- und Eisengallustinte verwendet. Die Eisengallustinte wurde aus Eisenvitriol und Galläpfeln hergestellt und kann bei Feuchtigkeit Säure bilden, die die Handschriften beschädigt. Nach Beendigung der Kopierarbeit hat in der Regel der Leiter des Skriptoriums den Text auf Fehler durchgesehen. Fand er solche, musste die Schrift auf dem Pergament an dieser Stelle wieder entfernt werden.

Für die Initialen, die Anfangsbuchstaben, und die Illustrationen ließ der Skriptor entsprechend Platz frei. Diese bildeten das Arbeitsfeld des Rubrikators und des Buchmalers. Dabei war das Einfügen der Initialen und die Hervorhebung bestimmter Textteile die Aufgabe des Rubrikators (lat. rubricatus = rot gefärbt). Dieser schrieb die farbigen Initialen und Überschriften, markierte die ersten Buchstaben der Satzanfänge durch einen roten Strich und strukturierte auf diese Weise den Text. Die rote Farbe wurde aus Mennige (Bleioxid) hergestellt.

Der Buchmaler nahm im Anschluss die künstlerische Ausgestaltung der Handschrift mit Bordüren, bildlichen Initialen und Bildern, den Miniaturen vor. An den für Illustrationen vorgesehenen Stellen hat er dafür zuerst mit einem Silberstift oder dünner lasierender Tinte vorgezeichnet. Anschließend folgte das

Auftragen des Blattgoldes und dann der verschiedenen Farben. Diese wurden aus einer Vielzahl mineralischer, pflanzlicher und tierischer Ausgangsstoffe hergestellt, die meist in der Umgebung zu finden und nicht allzu teuer waren. Doch wurde mit Lapislazuli, das eine Basis für Blau bildete, auch ein teurer Farbstoff für Illustrationen verwendet. Die Herstellung der Farben war komplex und verlangte ein breites Wissen. Die farbigen Illustrationen haben die vielen Jahrhunderte oft erstaunlich gut überstanden. Doch stellen einige Stoffe, wie Eisengallustinte oder Grünspan, heute die Handschriftenrestaurierung vor große Herausforderungen.

Nachdem der Skriptor, der Rubrikator und der Buchmaler ihre Arbeiten abgeschlossen hatten, erfolgte die Bindung mehrerer Bögen zu einer Lage. Die einzelnen Lagen wiederum wurden anschließend zum Buchblock zusammengefügt. Dieser wurde dann in mit Leder oder Pergament bezogene Holzdeckel gebunden, die eine Stärke von rund einem Zentimeter hatten und entsprechend schwer waren. Daher wog ein Buch nicht selten mehrere Kilo und musste deshalb zur Lektüre auf ein Lesepult gelegt werden. Daneben wies ein mittelalterlicher Einband noch Buchschließen und Metallbeschläge auf. Nur mit den Buchschließen ließ sich das Buch mit seinen Pergamentseiten geschlossen halten. Die Metallbeschläge an den Ecken und in der Mitte hatten dagegen sowohl eine Schutz- als auch eine Zierfunktion. Da Bücher in Kisten oder Regalen liegend aufbewahrt wurden, schützten sie den Einband vor Abnutzung. Daneben hatten Bücher, um sie an den Regalen gegen Diebstahl zu sichern, oft Kettenbeschläge. Die verschiedenen Beschläge sind heute oft nicht mehr erhalten, da sie in späteren Jahrhunderten, weil sie nun die Aufstellung behinderten, entfernt wurden. Die Cathedral Library im englischen Wells aber hat ihre Kettenbücher tatsächlich bis heute in den Regalen.

Neben schlichter gestalteten Leder- und Pergamenteinbänden gab es vor allem im Früh- und Hochmittelalter auch Prachteinbände. Handschriften für den liturgischen Gebrauch oder solche in Fürstenbesitz erhielten oft mit Edelsteinen, Emailarbeiten und Gold verzierte Einbände. Das Mittelfeld des Vorderdeckels zierten auch Elfenbeintafeln. Viele dieser Prachteinbände sind verloren gegangen, da sie von Dieben entwendet oder in Kriegen geraubt wurden.

Auch wenn es von einem Werk mehrere Abschriften gibt, stellt – anders als später beim gedruckten Buch – jede Handschrift ein Unikat dar. Meist ist es schwierig, Entstehungsort und -zeit zu bestimmen, so dass die Buchmalerei und der verwendete Schrifttyp zur Einordnung herangezogen werden müssen. Erst seit Beginn der Renaissance im 14. Jh. sind die Namen der Künstler und Buchmaler, die diese Werke schufen, häufiger überliefert.

Buchmalerei. Die Buchmalerei ist das wohl auffälligste Merkmal des mittelalterlichen Buches. Nie wurden Bücher in Europa aufwändiger gestaltet als viele der zwischen 500 und 1500 entstandenen Pergament- und Papierhandschriften. Es darf dabei allerdings nicht vergessen werden, dass solchen Prachtcodices über die Jahrhunderte wesentlich mehr einfache Gebrauchshandschriften gegenüberstanden. Prächtig illustriert wurden vor allem liturgische Texte, deren aufwändige Gestaltung die Stellung und Wertschätzung des sakralen Buches zeigt. Neben Bibeln gab es, um nur die wichtigsten Typen zu nennen, die Evangeliare mit den vier Evangelien, die in den Gottesdiensten häufig verwendeten Evangelistare oder Perikopenbücher, welche die Evangelientexte in ihrer Abfolge im Kirchenjahr enthalten und schließlich die Psalter mit den Psalmentexten.

Da sich Papyrus für die künstlerische Buchmalerei nicht eignete, waren antike Buchrollen nur selten illustriert gewesen. Mit dem Übergang zum Codex und der Verwendung von Pergament waren jedoch die entscheidenden Voraussetzungen für die Entstehung dieser Kunstform erfüllt. Die byzantinische Buchmalerei lieferte seit dem 6. Jh., die der Britischen Inseln seit dem 7. Jh. die künstlerischen Vorbilder für die Buchkunst auf dem Kontinent. Im Frankenreich entstanden angeregt von irischen und englischen Missionaren im 7. und 8. Jh. frühe mit Buchmalereien ausgestattete Werke. Einen ersten Höhepunkt erreichte die Buchmalerei in der Karolingerzeit um 800. Den Mittelpunkt

bildeten Residenz und Hofbibliothek Karls des Großen in
Aachen, wo eine Reihe bedeutender Werke entstand und mit
der karolingischen Minuskel eine der für das Mittelalter wichtigen Schriften geschaffen wurde. Aber auch an den Skriptorien
der großen Kloster- und Dombibliotheken im Westen (Reims,
Tours) wie im Osten (Fulda, St. Gallen, Salzburg) des Franken-
reiches wurden Meisterwerke der Buchmalerei geschaffen.

Die ottonische Buchmalerei des 10. Jhs. knüpfte an diese Vorbilder an, besonders geprägt wurde sie durch das Skriptorium
auf der Insel Reichenau im Bodensee. Dort entstanden heute
zum Weltdokumentenerbe gehörige, in Bibliotheken in Bamberg
(Bamberger Apokalypse), Darmstadt (Gero-Codex) und Trier
(Codex Egberti) aufbewahrte Handschriften. Weitere für ihre
Buchmalerei berühmte Skriptorien gab es in Köln und Mainz
wie in den in Bayern gelegenen Klöstern Niederaltaich und Te-
gernsee.

Die Buchmalerei des Hochmittelalters (1050–1250) prägte
der romanische, die des Spätmittelalters (1250–1500) dann der
gotische Stil. Während die gotische Buchmalerei in Frankreich
und England schon um 1200 begann, erreichte sie Deutschland
hundert Jahre später. Mit dem Aufkommen des Buchdrucks
verlor die Buchmalerei dann aber allmählich an Bedeutung.

Die Zahl der Handschriften nahm seit dem 12. Jh. kontinuierlich zu, typisch sind vor allem die reich illustrierten Bibel-
handschriften. Diese wiesen oft ein sehr großes Format auf und
werden deshalb auch als Riesenbibeln bezeichnet. So hat der
aus Böhmen stammende, heute in Stockholm aufbewahrte «Codex Gigas» Abmessungen von 92 x 50 cm und ein Gewicht von
75 kg. Die berühmteste in Deutschland entstandene Handschrift in romanischem Stil ist das *Evangeliar Heinrichs des
Löwen*. Es wurde um 1190 im nordhessischen Kloster Helmars-
hausen von einem Mönch namens Herimann geschrieben. Das
Evangeliar umfasst 226 Blätter mit 50 ganzseitigen Miniaturen
und 77 größeren, reich verzierten Initialen. Allgemein bekannt
wurde diese Handschrift als sie 1983 von den Ländern Bayern
und Niedersachsen gemeinsam mit dem Bund und der Stiftung
Preußischer Kulturbesitz für 32,5 Millionen DM erworben

wurde. Gegen Ende der Romanik erweiterte sich das inhaltliche Spektrum der illustrierten Werke auf die höfische Literatur und Chroniken. Beispielsweise überliefert der in der Universitätsbibliothek Heidelberg aufbewahrte, zu Beginn des 13. Jhs. entstandene *Codex Manesse* mit seinen 137 ganzseitigen Miniaturen zahlreiche Werke der mittelhochdeutschen Lyrik.

Da die gotische Buchmalerei zunehmend den Raum und die Landschaft in die Illustrationen mit einbezog, lernten die Künstler dabei die perspektivische Darstellung für ihre Arbeiten. Nicht selten stellen diese Illustrationen auch wichtige Quellen für das Leben im Spätmittelalter dar. Vor allem Frankreich nimmt in der Geschichte der gotischen Buchmalerei eine herausragende Stellung ein: Mit den «Très riches heures», dem Stundenbuch des Duc de Berry (1340–1416), erreichte die gotische Buchkunst hier ihren Höhepunkt. Solche kunstvoll gestalteten Gebetbücher für Laien entstanden nicht mehr in klösterlichen Skriptorien sondern in kommerziellen Werkstätten, die mit bedeutenden Künstlern zusammenarbeiteten. Diese Kunstwerke aber waren nicht eigentlich zum Lesen gedacht, sondern dienten vor allem repräsentativen Zwecken.

Der Umfang der Buchproduktion. Das Buch blieb während des gesamten Mittelalters ein Luxusgut, das auch die wirtschaftlichen Verhältnisse der Zeit widerspiegelt. Neuere Forschungen haben auf Basis von Handschriftendatenbanken und anderer Quellen den Versuch unternommen, den Umfang der Produktion genauer abzuschätzen. Da von den im Mittelalter hergestellten Handschriften nur noch ein geringer Teil erhalten ist, überraschen die Schätzungen zum Umfang der Produktion (vgl. Grafik S. 38).

Vom Ausgang der Antike bis zum Beginn der Karolingerzeit war die Produktion sehr begrenzt. Der größte Teil davon stammte aus Italien. Mit der karolingischen Renaissance nahm die Handschriftenherstellung dann jedoch einen ersten Aufschwung. Rund zwei Drittel der im 9. Jh. entstandenen Handschriften stammten aus Skriptorien in Frankreich und Deutschland.

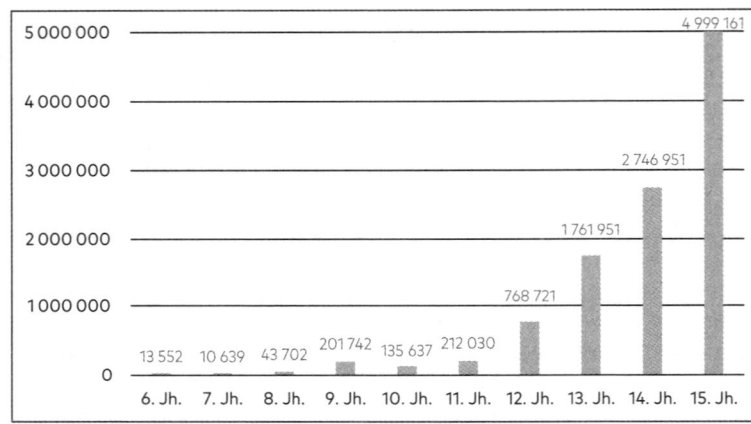

**Schätzung der Entwicklung der Handschriftenproduktion in Europa
vom 6. bis zum 15. Jahrhundert.**

Die Einfälle der Sarazenen, Ungarn und Wikinger führten im
10. Jh. zu einem erneuten Einbruch der Handschriftenproduktion. Auch in Deutschland ging die Produktion deutlich zurück,
doch entstanden während der sogenannten Ottonischen Renaissance zu Ende des Jahrhunderts wieder herausragende Meisterwerke der Buchkunst.

Seit dem 12. Jh. wuchs die Produktion dann kontinuierlich
an, da die Zahl der Autoren wie die Nachfrage aufgrund
der Gründung von Schulen und Universitäten stieg. Die zunehmende Verbreitung des Papiers war die Voraussetzung für das
starke Wachstum im Spätmittelalter. Lag der Papierpreis doch
nur bei rund einem Fünftel der Kosten für Pergament. An diesem Trend einer wachsenden Handschriftenproduktion änderte
auch die Große Pest um die Mitte des 14. Jhs. nichts. Das Spätmittelalter war nicht nur im Buchwesen eine Epoche zunehmen-
der Schriftlichkeit. Der Höhepunkt der Handschriftenproduktion wurde schließlich in der zweiten Hälfte des 15. Jhs. erreicht,
als bereits das gedruckte Buch mit der Handschrift konkurrierte. Mehr als ein Viertel der spätmittelalterlichen Handschrif-

ten entstand in Italien. Dies spiegelt die zentrale Bedeutung des Buchs für die Kultur der Renaissance ebenso wider wie die weit fortgeschrittene Alphabetisierung der wohlhabenden Städte auf der Apenninhalbinsel.

Obwohl die Zahl der gedruckten Bücher seit etwa 1480 schnell anstieg, sollten auch in den folgenden Jahrzehnten noch in großer Zahl Handschriften gefertigt werden. Es handelte sich dabei sowohl um Gebrauchs- wie auch um Prachthandschriften. Mancher Adliger oder Patrizier wollte auf den Umgang mit Handschriften nicht verzichten und legte nicht zuletzt auf deren Exklusivität Wert. Wie in der Gegenwart gedruckte Bücher und E-Books nebeneinander existieren, gab es bis weit in die Neuzeit zugleich Handschriften und gedruckte Bücher. Doch konnte dies den allmählichen Niedergang der Handschriftenkultur letztlich nicht aufhalten, so dass die klösterlichen Skriptorien ihre Arbeit schließlich ebenso einstellten wie die große Mehrheit der Kopisten und Lohnschreiber.

Viele Handschriften wurden, sobald die Texte im Druck vorlagen, als überflüssig betrachtet und entweder weggeworfen oder als Füllstoff für Bucheinbände verwendet. Restaurierungen von Einbänden haben deshalb immer wieder zum Fund verloren geglaubter mittelalterlicher Texte geführt. Die Auflösung vieler Klöster in Folge der Reformation, der Dreißigjährige Krieg und schließlich die Säkularisation zu Anfang des 19. Jhs. haben zu weiteren Handschriftenverlusten geführt. Die Bibliotheken im deutschsprachigen Raum besitzen heute einen Bestand von rund 130000 mittelalterlichen Handschriften, wovon über die Hälfte aus dem 15. Jh. stammt.

Der Buchhandel. Mit der Antike endete auch der Buchhandel. Bücher wurden bis ins Spätmittelalter in Auftrag gegeben und von Skriptorien einzeln angefertigt. Neben dem Eigenbedarf kopierten die klösterlichen Skriptorien schon im Hochmittelalter Texte für den Adel, der daneben auch gelegentlich selbst Schreiber beschäftigte, um Kopien von Büchern machen zu lassen.

Mit der Gründung erster Universitäten um 1100 begannen sich die Verhältnisse zu verändern. Die Anfänge des mittelalterlichen Buchhandels sind aufs engste mit ihnen verknüpft. Mit dem steigenden Bücherbedarf der Studenten und Professoren wuchs auch die Zahl der Buchhändler, der «librarii», und so lassen sich im 13. Jh. in Paris schon 58 Buchhändler namentlich nachweisen.

An den Universitäten Frankreichs und Italiens wurde ein System zur arbeitsteiligen Produktion von Handschriften entwickelt: Von der Universität geprüfte Vorlagen der wichtigen Werke, die in mehrere, dünne Hefte aufgeteilt wurden, konnten gegen Gebühr von den «stationarii» ausgeliehen werden. Wer das Heft nicht selbst abschreiben wollte beauftragte einen professionellen Schreiber mit der Kopie des ausgeliehenen Heftes, der sogenannten Pecia. Der Vorteil dieses Verfahrens lag darin, dass ein größerer Personenkreis nun die Möglichkeit hatte, gleichzeitig Teile eines umfangreicheren, vielgefragten Buches zu kopieren.

Die ersten Buchhändler handelten mit gebrauchten Büchern und nahmen Aufträge für das Kopieren von Büchern an, die dann in kommerziellen Schreibwerkstätten hergestellt wurden. Mit der zu Ende des Mittelalters stark wachsenden Bedeutung des Buches weiteten sich die Handelsbeziehungen aus. So entwickelte sich seit dem späten 14. Jh. in Italien ein intensiver Handschriftenhandel mit dem Zentrum Florenz. Der berühmteste Händler war Vespasiano da Bisticci (1421–1498), der 45 Lohnschreiber beschäftigte und zu seinen Kunden auch die Medici zählte.

Ebenso entstand zu Anfang des 15. Jhs. nördlich der Alpen auf einem allerdings etwas bescheideneren Niveau ein derartiger Handel. Um die Jahrhundertmitte gab es mit Diebolt Lauber im elsässischen Hagenau einen überregional tätigen Handschriftenproduzenten und -verleger. Er arbeitete nicht auf Bestellung, sondern stellte die Handschriften in serieller Produktion auf Vorrat her. Auch in Brügge fertigten gleichzeitig Werkstätten in großer Zahl Stundenbücher für englische Abnehmer. Sie arbeiteten nicht mehr auf Wunsch der Kunden, sondern – wie bald dann die ersten Drucker – für einen anonymen Markt.

Die ostasiatische Buchkultur des Mittelalters. Mit der Erfindung des Papiers zur Zeit der Han-Dynastie (206 v. Chr.–220 n. Chr.) hat China die Buchkultur sowohl der islamischen wie der christlichen Ländern tief beeinflusst. Auch während des europäischen Mittelalters war die chinesische Kultur technisch deutlich überlegen. Dies zeigt die Erfindung des Porzellans um 800, des Kompasses um 1000 oder des Schießpulvers um 1100. Diese Erfindungen wurden in Europa am Ende des Mittelalters oder erst zu Beginn der Neuzeit bekannt.

Sogar der Buchdruck, dessen Erfindung in Europa mit Johannes Gutenberg verbunden ist, hat eine chinesische Vor- oder Parallelgeschichte. Eine erste Vorform bilden in Steinstelen eingravierte Texte oder Zeichnungen. So wurden im 3. und 9. Jh. die Werke des Konfuzius ebenso in Stein geschnitten wie im 7. Jh. buddhistische Sutras. Diese vor dem Eingravieren streng geprüften Texte sollten praktisch als Kopiervorlagen dienen, um so die sich beim herkömmlichen Abschreiben einschleichenden Fehler zu vermeiden. Gelehrte konnten sich von diesen Inschriften mittels des sogenannten Reiberdrucks Reproduktionen auf Papier anfertigen lassen. Sicherlich waren diese Stelen keine Bücher im eigentlichen Sinn, doch ermöglichten sie den Zugang zu vielen standardisierten Texten, die auf diese Weise auch archiviert wurden. Ein bis heute erhaltenes Beispiel ist der Stelenwald von Xi'an in der zentralchinesischen Provinz Shaanxi, wo in einem konfuzianischen Tempel viele tausend Stelen aufbewahrt werden. Hier findet sich auch die vollständigste Kopie der Werke des Konfuzius, die im Jahr 837 in 114 Stelen geschnitten wurde; der gesamte Textkorpus umfasst etwa 560 000 Schriftzeichen.

Der im 8. Jh. aufkommende Block- oder Holztafeldruck geht auf die Steinschneidekunst zurück. Die Schriftzeichen wurden nun seitenverkehrt in einen Holzstock geschnitten und das übrige Holz entfernt. Für die Reproduktion eines Textes wurden die erhabenen, also die höher stehenden Teile eingefärbt, dann Papier aufgelegt und durch Abreiben eine Kopie angefertigt. Zu Ende des Jahrhunderts wurden auf diese Weise buddhistische Bilder mit kurzen Begleittexten reproduziert.

Aus dem Jahr 868 ist die auf diese Weise hergestellte Dia-mant-Sutra erhalten geblieben. Die etwa 5 m lange Schriftrolle enthält einen für den Mahayana-Buddhismus, eine der beiden Hauptströmungen des Buddhismus, zentralen Text. Entdeckt wurde dieser frühe, heute in der British Library aufbewahrte Druck zu Beginn des 20. Jhs. in den Höhlen von Dunhuang im Nordwesten Chinas. Neben der Diamant-Sutra wurden dort zahlreiche weitere Rollen entdeckt, die längste davon ist sogar 32 m lang.

Es wurden aber nicht nur religiöse Werke sondern auch Lehr-bücher sowie historische und medizinische Bücher im Block-druck vervielfältigt. Das Verfahren verbreitete sich im Verlauf des 9. und 10. Jhs. in den dichter besiedelten Regionen und er-wies sich als sehr leistungsfähig. Es handelte sich zum Teil um äußerst umfangreiche Werke, so wurde zwischen 972 und 983 der gesamte buddhistische Kanon gedruckt, der in 130 000 zweiseitigen Holztafeln eingraviert worden war. Im Verlauf der folgenden Jahrhunderte entstanden in vielen Provinzen Chinas Druckbetriebe, die auch Novellen-, Roman- und Theaterlitera-tur anboten.

Der Holzblockdruck führte zu einer wesentlichen Auswei-tung der Produktion von Schriften und ermöglichte so eine viel größere Verbreitung des Wissens. China war damit dem zeit-genössischen Europa weit überlegen. Öffentliche und private Schulen wie auch Bibliotheken vergrößerten sich vielerorts. Eine der bedeutendsten war die des Kaiserpalastes, die zur Zeit der Song-Dynastie (960–1279) einen Bestand von rund 60 000 Bänden umfasste und damit um ein Vielfaches größer war als die größten Sammlungen im Westen. Ein erhaltenes Ver-zeichnis der Bibliothek verzeichnet allein 10 000 aus dieser Epoche stammende Titel und spiegelt die reiche Literaturpro-duktion des Landes wider. Es ist deshalb nicht verwunderlich, dass gleichzeitig auch der Buchhandel mit seinen Ladengeschäf-ten einen beträchtlichen Aufschwung nahm.

Im Verlauf des 10. Jhs. trat neben die traditionelle Buchrolle das Faltbuch, dessen Einführung auch auf Einflüsse aus Indien zurückgeht. Die Papierbahnen wurden nun nicht mehr gerollt, sondern die einseitig bedruckten Doppelseiten wurden mit den Leerseiten gegeneinander gefaltet. Es entstand damit ein Stoß rechteckiger Blätter. Faltbücher – heute auch als Leporellos bekannt – sind in ihrer Form mit einem Akkordeon vergleichbar. Das Auffinden einer gesuchten Textstelle war in ihnen wesentlich einfacher als in den Schriftrollen, die es jedoch weiterhin gab.

Der Holzblockdruck verbreitete sich im 8. Jh. nach Korea und Japan. Im Verlauf des 11. Jhs. wurde auch in Korea der buddhistische Kanon in Holz geschnitten. Während diese Holzblocktafeln durch mongolische Eroberer zerstört wurden, sind die von 1236 bis 1251 als Ersatz gefertigten Holzblocktafeln bis heute erhalten geblieben. Diese als Tripitaka Koreana bekannte Sammlung ist eines der bedeutendsten und vollständigsten Korpora buddhistischer Lehrtexte. Sie umfasst 81258 Holzdruckstöcke, die im südkoreanischen Kloster Haeinsa aufbewahrt werden. Jeder hat ein Format von 70 × 24 × 3 cm und wiegt 3 kg. Wurde ein Text benötigt, konnte der entsprechende Holzdruckstock herausgesucht und von diesem mittels des Reiberdrucks eine Kopie angefertigt werden. Die Sammlung ist, um das Finden der Texte sicher zu stellen, durch einen Index erfasst worden.

Der Holzschnitt wurde damit in Ostasien mehr als ein halbes Jahrtausend früher als in Europa eingeführt. Ebenso ging diese Weltregion aber auch in der Verwendung des Letterndrucks voran. Schon im 11. Jh. wird die Verwendung beweglicher, aus Ton hergestellter Lettern erstmals erwähnt. Überlegungen zur Aufbewahrung der Lettern eine Art Setzkasten zu verwenden, tauchen spätestens im 14. Jh. auf. Der Druck mit beweglichen Lettern aus Bronze wurde in China dann seit dem 15. Jh. angewandt. Die Parallelität zur Entwicklung in Europa fällt unmittelbar ins Auge. Obwohl bewegliche Tonstempel in China also schon früh bekannt waren, spielten sie jedoch ebenso wie später die beweglichen Metalllettern aufgrund der vielen tausend chinesischen Schriftzeichen für den Druck keine zentrale Rolle. Der Blockdruck behielt in China bis ins 19. Jh. seine zentrale Bedeutung für die Vervielfältigung von Texten.

Einige Zeit vor deren Entwicklung in Europa wurden also bewegliche Lettern bereits für den Druck von Büchern in Ostasien eingesetzt. Möglicherweise wurde in Korea in der ersten Hälfte des 13. Jhs. sogar schon mit beweglichen Lettern aus Metall gedruckt. Das älteste erhaltene, auf diese Weise hergestellte Buch – das Jikji – ist das Werk eines buddhistischen Zen-Priesters. Fast acht Jahrzehnte vor der Erfindung des Buchdrucks durch Johannes Gutenberg, wurde es im Jahr 1377 im Heungdeoksa-Tempel im südkoreanischen Cheongju gedruckt. Von einer ursprünglich zweibändigen Ausgabe sind heute noch 39 beidseitig bedruckte Seiten erhalten, die sich in der Bibliothèque nationale de France in Paris befinden.

Das Koreanische wurde seit dem 15. Jh. sowohl mit chinesischen Schriftzeichen als auch mit einer Alphabetschrift, dem Hangul, geschrieben. Die Verwendung von Hangul vereinfachte aufgrund der begrenzten Zeichenzahl die Verwendung beweglicher Lettern entscheidend. Es wurden deshalb im Verlauf des 15. Jhs. weitere umfangreiche Drucke auf diese Weise hergestellt. Neben Metall- wurden auch weiterhin Tonlettern verwendet. Die Entwicklung in Korea unterschied sich aufgrund der Alphabetschrift fundamental von der in China.

Es ist ein erstaunliches Phänomen, dass der Druck mit beweglichen Metalllettern in Korea und etwas später im Westen Europas aufkam. Es kann nur darüber spekuliert werden, ob durch Handelsverbindungen eine rudimentäre Kenntnis der ostasiatischen Erfindungen ihren Weg nach Westen fand oder ob es sich um zwei voneinander vollständig unabhängige Entwicklungen handelt. Umgekehrt könnten mögliche Kontakte mit dem Westen auch die Entwicklung der Alphabetschrift Hangul beeinflusst haben.

Die ostasiatische Form des Druckens wich allerdings in technischer Hinsicht in vielen Aspekten von der Erfindung Johannes Gutenbergs ab. So unterschied sich die Herstellung der Metalllettern ganz grundsätzlich und zudem wurde in Ostasien auch keine Druckerpresse entwickelt. Dort blieb es bei der Vervielfältigung der gesetzten Texte mittels des Reiberdrucks.

Gutenbergs Erfindung –
die Zeit der Inkunabeln

Das 15. und das frühe 16. Jh. sind durch das Nebeneinander unterschiedlicher Formen des Buches gekennzeichnet. Neben die Handschrift tritt vermutlich zwischen 1430 und 1450 das Blockbuch und dann um 1450 das mittels des Buchdrucks hergestellte Buch. Die im 15. Jh. gedruckten Bücher werden als Inkunabeln oder Wiegendrucke bezeichnet, da das Drucken noch am Anfang stand (lat. incunabula = die Wiege). Mit der Erfindung des Buchdrucks kam es zu einem technischen, wirtschaftlichen und wissenschaftlichen Umbruch, der zuerst Europa und dann auch die übrige Welt in den kommenden Jahrzehnten und Jahrhunderten tiefgreifend verändern sollte.

Die Blockbücher. Der Holztafel- oder Blockdruck stellt eine Anwendung des seit etwa 1400 bekannten Holzschnittes dar. Voraus ging das für das Bedrucken von Stoffen mit figürlichen oder ornamentalen Mustern angewandte Zeugdruckverfahren. Es war naheliegend dieses auch zum Bedrucken von Papier zu verwenden und so wurden auf diese Weise schon bald Heiligenbilder und Spielkarten als Einblattdrucke produziert.

Möglicherweise wurden schon zwischen 1430 und 1450 sogenannte Blockbücher auf diese Weise hergestellt. Die meisten dieser Bücher aber stammen aus dem dritten Viertel des 15. Jhs. Dabei wurden entweder Illustration und Schrift (xylografische Blockbücher) oder nur die Illustration in Holz geschnitten und der Text handschriftlich hinzugefügt (chiroxylografische Blockbücher). Allgemein spielte bei Blockbüchern der Text eine untergeordnete Rolle, wichtiger waren die Illustrationen. Im Prinzip sind Blockbücher aus mehreren Holzschnitten zusammengebundene Bücher.

Der Holzschnitt sollte als Illustrationstechnik in der Buchgeschichte Europas bis zum Beginn des 19. Jahrhunderts von großer Bedeutung sein. Es lohnt deshalb die Herstellung eines Holzschnitts an dieser Stelle kurz vorzustellen. Bevorzugt wurde das Holz von Obstbäumen aber auch von Eichen und anderen Laubbäumen verwendet. Dieses wurde in Platten von wenigen Zentimetern Dicke in der Längsrichtung des Baumes, also längs der Faser, da in dieser Schnittlage das Holz weicher ist, herausgeschnitten. Dann wurde die Platte gehobelt und geschliffen, um so eine vollkommen plane Fläche herzustellen. Anschließend wurde die Zeichnung, die wiedergegeben werden sollte, vom sogenannten «Reißer» seitenverkehrt auf die Platte übertragen. Diese Arbeit konnte er sich erleichtern, indem er etwa die Vorlage mit einem spitzen Werkzeug perforierte und anschließend die einzelnen Punkte auf der Holzplatte mit Feder und Tinte verband. Nachdem der «Reißer» seine Arbeit abgeschlossen hatte, musste der Holzschneider die auf die Platte übertragene Zeichnung ins Holz schneiden. Dabei ließ er die Linien der Vorzeichnung stehen und schnitt die Zwischenräume millimetertief aus. Auf diese Weise entstand ein Druckrelief, von dem nun Abzüge hergestellt werden konnten.

Für den Abdruck wurde der Holzschnitt mit einem Pinsel oder einem Ballen eingefärbt. Die erhabenen, also die hoch stehenden Teile des Holzschnitts wurden dann von Hand oder mit Hilfe eines Lederballens auf das Papier abgerieben. Da dieser sogenannte Reiberdruck auf der Rückseite Abriebspuren hinterließ, konnte nur die Vorderseite eines Blattes benutzt werden. Um eine Vorder- und Rückseite zu erhalten wurden jeweils zwei aufeinanderfolgende Seiten auf einen Papierbogen abgerieben und dieser dann in der Mitte gefaltet. Die einzelnen Seiten sind deshalb am Schnitt geschlossen und am Bund offen. Blockbücher waren nicht sehr dick, die umfangreichsten erhaltenen Exemplare haben gerade mal einen Umfang von 40 Blatt. Entweder der Drucker oder der Käufer konnte die einzelnen Blätter kolorieren, also farbig gestalten lassen.

Zumeist hatten Blockbücher einen religiös-theologischen Inhalt, doch gab es etwa auch Kalender oder Planetenbücher, die sich mit dem Einfluss der Sterne auf die Menschen befassten.

Mit einer Ausnahme stammen alle erhaltenen Blockbücher aus den Niederlanden und Süddeutschland. So waren neben Augsburg auch Nürnberg und Ulm Zentren der Blockbuchherstellung. Blockbücher zeigen das Bemühen des ausgehenden Mittelalters, die Reproduktion von Büchern zu beschleunigen, um so den wachsenden Bedarf zu befriedigen. Es wird angenommen, dass sie vorwiegend von lateinkundigen Laien und vom niederen Klerus gekauft wurden.

Der Blockdruck wurde bis in die 1520er Jahre für die Herstellung von Einblattdrucken und Blockbüchern genutzt. Doch ist die Datierung der Ära des Blockbuchs nur schwer möglich, da die noch vorhandenen Bücher kaum entsprechende Angaben enthalten. Insgesamt sind ca. 40 Texte in rund 600 Exemplaren bis heute erhalten geblieben. Diese geringe Zahl weist darauf hin, dass die meisten Blockbücher im alltäglichen Gebrauch verschließen und schließlich weggeworfen wurden.

Johannes Gutenberg – ein Erfinder des Spätmittelalters. Das Spätmittelalter zeichnete sich durch eine Reihe technischer Neuerungen aus. Wichtige Erfindungen, wie der Kompass und das Schießpulver, stammten aus China. Doch gab es auch solche europäischen Ursprungs, etwa die mechanische Räderuhr oder das Flügelspinnrad. Die Epoche ist durch einen beständigen Wandel gekennzeichnet, der deutlich die Aufgeschlossenheit für Veränderungen zeigt.

Es ist nicht bekannt, ob diese Innovationen das Werk einzelner genialer Erfinder waren oder in einem längeren Prozess, an dem viele Menschen beteiligt waren, entwickelt wurden. Jedenfalls ist die erste Erfindung, die mit einer historischen Persönlichkeit verbunden werden kann, der Buchdruck. Johannes Gutenberg, auf den dieser zurückgeht, ist bis heute einer der international bekanntesten Erfinder. Eine Universität, ein Museum, viele Schulen und zahllose Straßen sind ebenso nach ihm benannt worden wie das Project Gutenberg, die erste digitale Bibliothek.

Gutenberg wurde um 1400 in Mainz, einem wichtigen Zentrum der Goldschmiedekunst, geboren. Sein eigentlicher Name war Johannes Gensfleisch, genannt Gutenberg. Die Goldschmiedekunst weist in vielerlei Hinsicht Bezüge zum Buchdruck auf und hat dessen Entwicklung zweifellos begünstigt. So gravierten Goldschmiede die Eisenstempel zum Schlagen von Münzen ebenso wie Siegelstempel. Gutenberg konnte so schon früh viele Erfahrungen sammeln, die für seine Erfindung wichtig werden sollten. Über seine Kindheit und Jugend ist allerdings sehr wenig bekannt. Vermutlich hat er sich 1418/19 an der Universität in Erfurt eingeschrieben und sich vor allem über die Jahre genaue Kenntnisse der Metalltechnik angeeignet. Erst für die Zeit von 1434 bis 1444 wissen wir, dass er sich in Straßburg aufhielt und dort begann, sich mit dem Buchdruck zu beschäftigen. Spätestens seit 1448 lebte er wieder in seiner Heimatstadt und arbeitete nun wohl ausschließlich an der Entwicklung der Druckkunst. Finanziell unterstützt von dem wohlhabenden Juristen Johann Fust (um 1400–1466) konnte er in Mainz zu Beginn der 1450er Jahre die ersten Drucke herstellen. Nach einem Streit mit Fust und einem anschließenden Prozess musste er seit 1455 seine Tätigkeit einschränken. Von Gutenbergs weiterem Leben ist nur noch wenig bekannt; gestorben ist er Anfang 1468 in Mainz.

Die Erfindung Gutenbergs beschränkte sich keineswegs auf das eigentliche Drucken und die Druckerpresse, sondern umfasste den gesamten Herstellungsprozess eines gedruckten Buchs. Zu unterscheiden sind der Schriftguss, der Satz und das Drucken im engeren Sinne. Jeder dieser Arbeitsabschnitte unterteilt sich wiederum in eine Vielzahl von einzelnen Arbeitsvorgängen, die von Gutenberg entwickelt wurden. Leider sind keine der von ihm verwendeten Geräte erhalten geblieben. Die Forschung ist deshalb auf schriftliche Quellen, Abbildungen, Geräte aus den nachfolgenden Jahrhunderten und Nachbauten angewiesen.

Während für die Herstellung eines Blockbuchs der gesamte Text in Holz geschnitten wurde, hat Gutenberg den Text aus einzelnen, aus Metall gegossenen Buchstaben, den Lettern, zusammengesetzt. Die beweglichen Lettern konnten immer wieder für neue Texte verwendet werden, was den entscheidenden

Unterschied zum Holztafeldruck darstellt. Den ersten Schritt der Schriftherstellung stellte die Zeichnung des Buchstabens durch einen Schreibkünstler dar. Dessen Entwurf wurde anschließend vom Schriftschneider spiegelverkehrt aus dem Kopf eines als Patrize bezeichneten, rohen Stahlstempels geschnitten. Diese Patrize wurde wiederum in ein Kupferplättchen eingeschlagen und auf diese Weise eine wiederum seitenrichtige sogenannte Matrize hergestellt. Die Matrize wurde für das von Gutenberg entwickelte Handgießinstrument benötigt. Dieses nimmt in Gutenbergs Arbeitsprozess eine zentrale Rolle ein, da mit ihm die Lettern in der immer exakt gleichen Form schnell hergestellt werden konnten. Das Handgießinstrument besaß zwei verstellbare Metallwinkel, die zusammengeklappt einen rechteckigen Hohlraum bildeten, der nach unten und oben offen war. Für den Guss der Lettern wurde die Matrize eingebracht und das Instrument damit unten geschlossen. Die aus Handgießinstrument und austauschbarer Matrize bestehende Gießform wurde nun mit einer Blei sowie geringe Mengen Zinn und Antimon enthaltenden Legierung gefüllt. Nach dem Gießen wurde das Handgießinstrument geöffnet und die fertige Letter entnommen. Auf diese Weise konnte der Schriftgießer an einem Arbeitstag rund 3000 Lettern fertigen. Das Gießinstrument machte es möglich, Lettern herzustellen, die exakt die gleiche Höhe und die gleichen Kantenlängen aufwiesen. Dies waren die Voraussetzungen für die nun folgende Herstellung eines planen Satzes.

Die fertigen Lettern wurden in den sogenannten Setzkasten einsortiert. Für jede Letter war im Setzkasten ein eigenes Fach vorgesehen. Gutenberg benötigte in seinem Setzkasten nicht weniger als 290 Fächer. Neben den Groß- und Kleinbuchstaben sowie den Satzzeichen benutzte er nämlich noch die in Handschriften üblichen Abbreviaturen und Ligaturen, also Abkürzungen und Verschmelzungen von mehreren Buchstaben zu einem Zeichen. War es doch sein Ziel, dass sich ein Druck möglichst wenig von einer Handschrift unterscheiden sollte. Das Setzen des Buchtextes war eine geistig höchst anspruchsvolle Aufgabe. Der Setzer hatte das Manuskript vor sich und musste diesen Text Letter für Letter zusammensetzen (vgl. Abb. S. 63

und den vorderen Vorsatz). Dafür benutzte er als Hilfe den sogenannten Winkelhaken, einen rechtwinkligen Rahmen, auf
dem er die Lettern zu Zeilen aneinanderreihte. War der Winkelhaken voll, wurden die gesetzten Zeilen auf dem Setzschiff ab-
gelegt. Dann setzte der Setzer auf dem Winkelhaken die nächsten Zeilen und so fort. In einer Stunde konnte ein Setzer etwa
1000 Lettern setzen. Der Satz einer ganzen Seite dauerte deshalb meist einige Stunden. Hatte er die Seite fertig gesetzt,
konnte endlich der Drucker mit seiner Arbeit beginnen.

Zusammen mit dem Handgießinstrument ist die Druckerpresse die zweite zentrale Erfindung Gutenbergs. Während bei
ostasiatischen Drucken und bei Blockbüchern Abbildungen und
Text abgerieben wurden, verwendete Gutenberg die von ihm
entworfene Druckerpresse und konnte mit ihr die Herstellung
erheblich beschleunigen. Mitte des 15. Jhs. waren Pressen bereits in verschiedenen Gewerben in Gebrauch, so benutzten sie
Papiermacher und Winzer. Gutenberg hatte also Vorbilder, die
er für seine spezielle Anwendung anpassen konnte.

Der fertige Satz kam allerdings erst nach einer sorgfältigen
Korrektur unter die Druckerpresse. Diese erfolgte entweder
durch den Setzer selbst oder durch Korrektoren, die in größeren
Werkstätten nicht selten Gelehrte waren. Erst dann wurde der
Satz mit ölhaltiger Druckerfarbe eingefärbt. Es handelt sich
beim Buchdruck um ein Hochdruckverfahren, da gedruckt
wird, was erhaben, also höher ist. Das zu bedruckende Papier
befand sich in einem Rahmen, der nun auf den Satz geklappt
wurde. Anschließend wurde der Druck durch eine plane höl-
zerne Platte, den Tiegel, ausgeführt, der mit Hilfe einer etwa
einen Meter langen Stange nach unten geführt wurde und das
Papier auf den Satz presste. Danach wurde das bedruckte Papier
auf Leinen zum Trocknen aufgehängt. Anders als beim Blockbuch wurde zuerst die Vorder- und danach die Rückseite des
Papierbogens bedruckt.

Die Tagesleistung eines Druckers in der Inkunabelzeit kann
nur schwer geschätzt werden, da viele Details des Arbeitspro-
zesses aufgrund des Fehlens einer originalen Druckerpresse nur
schwer nachvollzogen werden können. Eine Größenordnung

von 120 bis 150 Abdrucken erscheint aber möglich. Dies hing natürlich wesentlich von der Größe der Werkstätte ab. In kleineren Betrieben musste der Drucker mehr Arbeiten selbst ausführen als in größeren, in denen auch Schriftgießer, Setzer und Korrektoren arbeiteten. So gab es Werkstätten mit einem Drucker und einem Lehrling ebenso wie solche mit rund einem Dutzend Mitarbeitern.

Die frühen Drucke, die Inkunabeln, sind Zeugnisse für den allmählichen Übergang von der Handschrift zum gedruckten Buch. Nicht alle Teile wurden von Gutenberg und den nachfolgenden Druckern gedruckt. So waren weiterhin Buchmaler und Rubrikatoren damit beschäftigt von Hand Initialen, Buchmalerei und den Text gliedernde Zeichen einzufügen. Die Inkunabeln ähnelten so den Handschriften noch in vielerlei Hinsicht.

Drucke der Gutenbergschen Werkstatt. Kleindrucke – Ablassbriefe, Kalender und Schulbücher – waren für Gutenberg wie später für andere Drucker von großer wirtschaftlicher Bedeutung. Am Beginn der Gutenbergschen Drucke stand vermutlich ein Schulbuch: Die *Ars minor* des römischen Grammatikers Aelius Donatus (um 310 – um 380), das von der Spätantike bis in die Frühe Neuzeit am meisten verbreitete Lateinlehrbuch. Zwischen 1453 und 1457 druckte Gutenberg 24 Auflagen dieser als Donate bezeichneten, dünnen Schulbücher. Es wird angenommen, dass die Auflagenhöhe bei 200 bis 400 Exemplaren lag, so dass er insgesamt 4800 bis 9600 Donate druckte. Die einseitigen Ablassbriefe wurden sogar in Auflagen von bis zu 190000 Exemplaren gedruckt und waren ein unentbehrliches wirtschaftliches Standbein.

Sein Meisterwerk aber ist die lateinische Bibel – die berühmte Gutenberg-Bibel – deren Druck Gutenberg, von Fust finanziell unterstützt, vermutlich im Herbst 1454 fertigstellte. Es handelte sich um den Druck der *Vulgata*, der vom heiligen Hieronymus im 4. Jh. angefertigten Übersetzung der Bibel ins Lateinische. Mit den Vorbereitungen begann Gutenberg wohl 1450, schon allein die Herstellung der rund 100000 benötigten Lettern dürfte ein halbes Jahr in Anspruch genommen haben. Es muss-

ten insgesamt 290 Zeichen für die 47 Groß- und 63 Kleinbuchstaben, die 92 Abbreviaturen, 83 Ligaturen und 5 Satzzeichen
entworfen werden. Die Gestaltung der Lettern war die Aufgabe
von Peter Schöffer (um 1427 – um 1502), Gutenbergs wichtigstem Mitarbeiter.

Vermutlich 1452 konnte in der neu eingerichteten Werkstatt
mit dem Satz und Druck begonnen werden. Unter Gutenbergs
Leitung arbeiteten sechs Setzer und zwölf Drucker sowie acht
weitere Mitarbeiter. Die insgesamt 1282 Seiten der großfor-
matigen Bibel umfassten meist jeweils 42 Zeilen, weshalb dieser
erste Bibeldruck auch als *B42* bezeichnet wird. Es ist kaum zu
glauben, dass mit diesem ersten, umfangreichen Druck solch ein
großartiges Meisterwerk gelang.

Insgesamt konnten in dem Zeitraum, der von einem Schreiber für die Anfertigung einer einzigen vollständigen Bibelhandschrift benötigt wurde, vermutlich 180 Exemplare gedruckt
werden, davon 145–150 auf Papier und 35–40 auf Pergament.
Während 19 Exemplare, davon drei in Deutschland und eines in
Österreich, bis heute vollständig erhalten blieben, sind weitere
29 Exemplare nur noch unvollständig vorhanden. Ein Papier-
exemplar wurde für 35 bis 40 Gulden, ein Pergamentexemplar
für 50 bis 60 Gulden verkauft. Zu dieser Zeit kostete ein Haus
in Mainz 80 bis 100 Gulden. Leisten konnten sich diesen ersten
Bibeldruck also nur sehr Vermögende, die die Drucke dann
ihrem persönlichen Geschmack entsprechend künstlerisch aus-
gestalten ließen. Denn das Rubrizieren, also das Einfügen der
Absatz- und Satzmarkierungen, war wie die Buchmalerei Sache
der Käufer, weshalb sich die erhaltenen Exemplare der *B42*
stark voneinander unterscheiden.

Die Forschung über Johannes Gutenberg wird dadurch er-
schwert, dass es nicht nur wenige Quellen gibt, sondern in den
ihm zugeordneten Drucken zudem keine Hinweise auf sein Wirken zu finden sind. Dies macht es in vielen Fällen schwierig, ihm
einen Druck sicher zuzuweisen und lässt damit viele Fragen
über seine weitere Tätigkeit nach Vollendung der *B42* offen.
Nach der erwähnten Auseinandersetzung zwischen Gutenberg
und Fust trennten sich die Wege der beiden 1455. Gutenberg

besaß nur noch eine kleine Werkstatt, dagegen eröffneten Fust und Schöffer eine zweite, bedeutendere Druckerwerkstätte in Mainz, in der 1462 eine weitere Bibelausgabe, die *B48* vollendet wurde.

Die Druckkunst begann sich schon bald über Mainz hinaus zu verbreiten, schneller als irgendeine andere Erfindung vor ihr. Keine zehn Jahre nach Gutenbergs Tod 1468 war sie in vielen Städten Europas zu finden. Den Anfang machten um 1460 Bamberg und Straßburg, es folgten 1465 Köln, 1467 Eltville bei Mainz und 1468 Augsburg und Basel. Gleichzeitig wurde die neue Technik durch deutsche Drucker auch in Italien und Frankreich bekannt. 1465 wurden im Kloster Subiaco bei Rom, 1467 in Rom, 1469 in Venedig und 1470 in Paris Druckerwerkstätten eröffnet. Solche dürfte es bis zum Ende der Inkunabelzeit im Jahr 1500 in über 250 Städten gegeben haben. Die meisten waren in einem breiten Streifen, der sich von den Niederlanden, über West- und Süddeutschland, Südostfrankreich, Nord- und Mittelitalien bis nach Rom zog, zu finden. Es gab in Italien sogar mehr Druckorte als in Deutschland und mit Venedig lag dort auch das europaweit führende Zentrum. Nur wenige Werkstätten gab es dagegen auf der Iberischen Halbinsel und den Britischen Inseln, in Skandinavien und im östlichen Mitteleuropa.

Gestaltung und Inhalte des gedruckten Buches.   Entsprechend der Ausbreitung der neuen Technologie stieg die Zahl der Drucke schnell an. Seit 1480 wurden Bücher schon in großen Mengen gedruckt, Handschriften spielten dagegen eine immer geringere Rolle. Schätzungsweise 20 Millionen Exemplare an Drucken wurden im 15. Jh. produziert und damit vermutlich die Gesamtzahl der über das ganze Mittelalter hergestellten Handschriften übertroffen.

Die wichtigste Fachdatenbank, der Incunabula Short Title Catalogue (ISTC), verzeichnet rund 28 000 noch heute vorhandene Inkunabelausgaben. Davon stammen 36,4 % aus Italien, 33,6 % aus dem deutschsprachigen Raum und 17,5 % aus Frankreich, 7,4 % aus Belgien und den Niederlanden sowie

5,1 % aus dem übrigen Europa. Die meisten Bücher erschienen auf Latein (70%), daneben spielten noch Deutsch (10,8%), Italienisch (8%) und Französisch (5,7%) eine Rolle. Gedruckt wurde im 15. Jh. aber in insgesamt 18 verschiedenen Sprachen. Die Inhalte reichten von gelehrten Werken zu Theologie, Jura und Medizin bis zu volkstümlicher Literatur in den Landessprachen. So wurde 1461 von Albrecht Pfister (um 1420–1465) in Bamberg eine volkstümliche Fabelsammlung, Ulrich Boners *Der Edelstein*, als erstes Buch in deutscher Sprache gedruckt.

Mit der Einführung des Buchdrucks erfolgte eine Standardisierung der Texte. Während bei Handschriften die verschiedenen Abschriften eines Werkes voneinander abweichen konnten, waren die gedruckten Exemplare einer Ausgabe identisch. Dies war vor allem für wissenschaftliche Werke von erheblicher Bedeutung. Anders als von Handschriften konnten zudem innerhalb kurzer Zeit zahlreiche Exemplare auf den Markt gebracht werden.

Die Drucke des 15. und frühen 16. Jhs. nehmen in vielerlei Hinsicht eine Zwischenstellung zwischen den Handschriften und den Drucken späterer Jahrhunderte ein. So weisen viele noch keine Blatt- oder gar Seitenzählung auf, haben lange Zeit kein Titelblatt und imitieren in ihrer Typografie die Handschriften. Es zeigt sich an all dem deutlich, dass das gedruckte Buch sich erst in einem längeren Prozess von der Handschrift emanzipieren musste. Um die Orientierung zu erleichtern wurde zu Beginn die Blattzählung häufig von Hand eingefügt. Seit den 1470er Jahren wurde dann damit begonnen, die Blattzählung mit zu drucken. Von wenigen Ausnahmen abgesehen gab es aber noch keine Bücher mit Seitenzahlen.

Das fehlende Titelblatt ersetzte wie bei den Handschriften das Incipit, eine das Buch einleitende Formel, und das am Ende eines Drucks befindliche Kolophon (griech.: der Ziel- oder Endpunkt) mit Angaben zu Drucker, Ort und Zeit. Ab den 1480er Jahren gab es dann schon vermehrt Drucke mit Titelblättern, die gegen Jahrhundertende schließlich zur normalen Ausstattung von Büchern gehörten. Für deren Durchsetzung dürfte die immer wichtigere Bewerbung der Bücher entscheidend gewesen sein. Anders als Handschriften mussten Drucke auf einem anonymen Markt Aufmerksamkeit finden und die Kauflust wecken. Mit dem Titelblatt erfolgte aber auch eine bis dahin unbekannte Normierung: Bücher hatten von nun an einen Titel, unter dem sie zitiert werden konnten.

Nicht nur bei der Gutenberg-Bibel versuchte die Typografie die Schriften der Manuskripte zu imitieren. Dies gelang oft erstaunlich gut und die Unterscheidung einer Handschrift und eines Drucks des 15. Jhs. ist oft nicht einfach. Auch spielte bei der Gestaltung von Inkunabeln wie bei den Handschriften die Buchmalerei noch immer eine wichtige Rolle. So wurde zu Beginn eines Abschnitts oft Platz für eine kunstvoll zu gestaltende Initiale gelassen. Die meisten Illustrationen wurden jedoch schon bald als Holzschnitte ausgeführt. Diese bereits seit der Wende zum 15. Jh. bekannte Illustrationstechnik ist eines der kennzeichnenden Merkmale der Bücher des 15. und 16. Jhs.

Der Markt für Gedrucktes. Die wachsende Produktion hatte zur Voraussetzung, dass auch die Nachfrage nach Büchern entsprechend stieg, denn das Gedruckte musste ja verkauft werden. Schon seit dem frühen 15. Jh. hatte sich der Handel mit Handschriften auch außerhalb Italiens spürbar belebt. Die Nachfrage nach Literatur stieg an, noch immer aber wurden Handschriften fast immer auf Bestellung und nur selten für anonyme Käufer auf Vorrat gefertigt. Doch gab es auch etliche Handschriftenverleger, die ihre Ware auch schon auch auf Märkten anboten.

Mit der Einführung des Buchdrucks wandelte sich das Buch endgültig zu einer Ware, die nicht mehr im Auftrag eines einzelnen Kunden angefertigt, sondern für einen anonymen, schwer einschätzbaren Markt produziert wurde. Anders als von Handschriften konnten von Drucken innerhalb kurzer Zeit Hunderte von Exemplaren auf den potentiell europaweiten Markt gebracht werden. Die Drucker und Verleger mussten, um wirtschaftliche Probleme zu verhindern, jedoch die Absatzchancen ihrer Produkte genau im Blick haben. Lagen die Auflagenhöhen anfänglich bei 100 bis 200 Exemplaren so stiegen sie bis zum Jahrhundertende auf 400 bis 500 und gelegentlich auch auf

1000 Exemplare. Der Markt war offensichtlich tendenziell aufnahmebereit, was freilich nicht für jeden Titel gleichermaßen galt. Die steigenden Auflagenhöhen hatten erhebliche Auswirkungen auf die Verbreitung neuer Erkenntnisse und geistiger Strömungen, wie der Renaissance und des Humanismus.

Die Produktion stellte für den Drucker, der zumeist auch Verleger und Buchhändler war, ein großes wirtschaftliches Risiko dar. Der Druck eines Buches verursachte durch Löhne, eingesetzte Arbeitsmittel und Rohstoffe hohe Kosten. Mit dem Verkauf der Bücher konnte der Drucker diese Ausgaben wieder hereinholen. Dies dauerte unter Umständen jedoch viele Jahre, wenn sich das Buch nicht sogar aufgrund von Absatzproblemen als Ladenhüter erwies und der Drucker auf seinen Kosten sitzenblieb. Ließ sich ein in hoher Auflage produziertes Buch nicht verkaufen, konnte dies das Aus für die Druckerwerkstatt bedeuten. Es wurden deshalb in den ersten Jahrzehnten des Buchdrucks gern Werke gedruckt, die schon als Handschriften rege nachgefragt worden waren. Die zeitgenössischen Neuerscheinungen, deren Erfolg nur schwer eingeschätzt werden konnte, erschienen dagegen oft erst mit einer gewissen Verzögerung in höheren Auflagen.

Zwar sanken mit dem Buchdruck die Buchpreise erheblich, doch war ein größerer Käuferkreis erst allmählich im Entstehen. Wesentlich hing dies von der wachsenden Verbreitung der Lesefähigkeit ab. Diese war allerdings in der zweiten Hälfte des 15. Jhs. noch auf einen überschaubaren Teil vor allem der städtischen Bevölkerung begrenzt. Auch musste sich das gedruckte Buch gegenüber der Handschrift erst allmählich durchsetzen. Der Übergang von der Handschrift zum gedruckten Buch vollzog sich nämlich nicht innerhalb weniger Jahre, sondern letztlich über mehrere Generationen. Der Begriff «Revolution» sollte im Zusammenhang mit der Einführung des Druckwesens deshalb nicht zu wörtlich genommen werden. Ein Vergleich mit der Entwicklung in der Gegenwart mit ihrem Nebeneinander von gedruckten und elektronischen Publikationen liegt an dieser Stelle nahe.

So enthielten private Sammlungen über mehr als hundert

Jahre neben Drucken auch weiterhin Handschriften. Erst ab den 1520er Jahren überwogen in den Bibliotheken die gedruckten Bücher. Manche Fürsten und Adelige wie auch reiche Patrizier bevorzugten aus Exklusivitätsgründen noch lange aufwändig gestaltete Handschriften und waren deshalb oft nur wenig an gedruckten Büchern interessiert. Durch ihre kunstvoll gestaltete Buchmalerei begeisterten Handschriften weiterhin anspruchsvolle Leser und Sammler. Immer wieder wurden für sie sogar von Inkunabeln Kopien in Form von Handschriften gefertigt.

Die Drucker waren über die Inkunabelzeit hinaus oft zugleich Verleger und Buchhändler, erst allmählich sollte sich das Buchgewerbe in unterschiedliche Berufe auffächern. Früher als in Deutschland trennte sich in den romanischen Ländern die Tätigkeit des Druckers von der des Verlegers. Der Verleger übernahm als Unternehmer die oft riskante Finanzierung eines wirtschaftlichen Vorhabens. Diesen Unternehmertyp gab es in der Frühen Neuzeit auch in anderen Branchen, etwa im Textilgewerbe. Doch konnte sich der Verleger bis heute ausschließlich im Buchgeschäft halten. Der Buchhandel war weitestgehend ein Wanderhandel. Die Händler vertrieben an Marktständen die Ware eines oder mehrerer Verleger und besuchten auf ihren Reisen verschiedene Handelsmessen, so auch die in Frankfurt am Main und Leipzig.

Die Neuzeit beginnt – Bücher im 16. Jahrhundert

Mit dem Beginn des neuen Jahrhunderts endete am 31. Dezember 1500 die Inkunabelzeit. Diese Grenze wurde von Bibliothekaren und Inkunabelforschern – eine zu Beginn des 20. Jhs. noch ausschließlich männliche Domäne – mit der Aufnahme der Arbeiten am *Gesamtkatalog der Wiegendrucke* um 1900 willkürlich festgelegt. Im Verlauf des 16. Jhs. hat dann das Buch seine für die nachfolgenden Jahrhunderte kennzeichnenden Merkmale vollständig entwickelt. Das Titelblatt und die Seitenzählung wurden ebenso zum Standard wie Absätze und Überschriften.

Vom Sonderfall der Musik abgesehen, beschränkte sich die Handschriftenproduktion von nun an zunehmend auf Nischen des literarischen Schaffens, etwa Schriften die aufgrund der Zensur nicht gedruckt werden konnten. Die vermögenden Buchliebhaber, die das gedruckte Buch als minderwertig betrachteten und sich deshalb sogar von bereits gedruckten Büchern Abschriften auf Pergament anfertigen ließen, wurden immer weniger. So etwa Ferdinand II. von Tirol, der ein 1570 bei Plantin in Antwerpen gedrucktes *Missale Romanum* abschreiben und durch den Künstler Joris Hoefnagel (1542–1600) in mehrjähriger Arbeit mit Miniaturen verzieren ließ.

Das 16. Jh. wird vor allem mit dem Humanismus, der Reformation und den Anfängen der wissenschaftlichen Revolution verbunden. Diese Entwicklungen wären ohne das gedruckte Buch nicht vorstellbar gewesen. Es bildete für diese tiefgreifenden Umwälzungen die entscheidende Voraussetzung. Denn der Buchdruck veränderte die Kommunikation und Wissensvermittlung grundlegend und ermöglichte so den Übergang vom Mittelalter zur Neuzeit.

Entsprechend wuchs die Menge der Drucke wie auch deren Auflagenhöhe an. Allein im deutschsprachigen Raum kamen im Verlauf des Jahrhunderts mehr als 100000 Titel auf den Markt, wobei vor allem die Reformation nach 1517 die Publikationszahlen schnell ansteigen ließ. Insgesamt dürften im 16. Jh. in Europa rund 200 Millionen Bücher gedruckt worden sein, was gegenüber der Inkunabelzeit eine Steigerung um fast das Zehnfache bedeutet.

Fortschritte beim Lesen.   Die steigende Buchproduktion setzte einen ebenfalls wachsenden Absatzmarkt zwingend voraus. Der potentielle Käuferkreis weitete sich im Verlauf des 16. Jhs. mit der fortschreitenden Alphabetisierung ganz erheblich aus. Lese- und Schreibkenntnisse waren bis zum Ende des Spätmittelalters, abgesehen von einigen großen italienischen Städten, noch wenig verbreitet gewesen. Dies änderte sich nun vor allem aufgrund der Reformation. Martin Luther (1483–1546) maß der eigenständigen Bibellektüre der Gläubigen große Bedeutung bei und forderte deshalb die Einrichtung von Schulen und Büchereien. Weshalb in den nun protestantischen Gebieten die Zahl der Lesekundigen deutlich wuchs. Mit der Mitte des Jahrhunderts einsetzenden katholischen Gegenreformation erhöhte sie sich – wenn auch deutlich weniger – auch in den weiterhin katholischen Regionen. Es wird angenommen, dass der Anteil der Lesefähigen in Europa von rund 5 % zu Jahrhundertbeginn auf rund 20 % der Bevölkerung am Jahrhundertende stieg. Da exakte Aussagen zur Entwicklung der Alphabetisierung nicht möglich sind, finden sich in der Literatur hierzu allerdings recht unterschiedliche Zahlen. Es bildete sich im 16. Jh. jedenfalls hinsichtlich der Lesefähigkeit eine dreifache, die europäische Geschichte bis weit ins 19. Jh. begleitende Spaltung heraus: So konnten mehr Protestanten als Katholiken, mehr Männer als Frauen und mehr Städter als Landbewohner lesen.

Reformation und wissenschaftliche Revolution. Die Reformation hat nicht nur entscheidend zu einer wachsenden Verbreitung der Lesekenntnisse beigetragen, sondern auch zu einer wesentlichen Erhöhung der Buchproduktion geführt. Seit 1517, dem Jahr von Luthers Thesenanschlag in Wittenberg, kamen zahllose Publikationen der Reformatoren und ihrer Anhänger auf den Markt. Es waren vor allem die Flugschriften, die die Zahl der jährlich erscheinenden Drucke seit der Reformation ansteigen ließ. Diese nur wenige Seiten umfassenden, oft mit Holzschnitten illustrierten Schriften haben wesentlich dazu beigetragen, die Lehre Luthers nicht nur in Deutschland schnell zu verbreiten. So erschienen bis 1530 etwa 10000 Flugschriften in einer Gesamtauflage von rund zehn Millionen Exemplaren.

Die sicherlich berühmteste Publikation der Reformationszeit ist die Übersetzung zuerst des Neuen und dann auch des Alten Testaments durch Luther und seine Mitarbeiter. Die Übersetzung des Neuen Testaments fußte auf der von Erasmus von Rot-

terdam (1467–1536) im berühmten Basler Druckhaus Froben
1516 veröffentlichten griechischen Ausgabe. 1522 erschien die
mit Holzschnitten von Lukas Cranach d. Ä. (1472–1553) illustrierte deutsche Übersetzung. Dies war keineswegs die erste
Übertragung ins Deutsche. Zu dieser Zeit waren bereits zehn
hoch- und vier niederdeutsche Bibelausgaben im Druck erschienen. Keine davon kam jedoch an die Qualität derjenigen Luthers heran. In den folgenden Jahren wurde an der Übersetzung
des Alten Testaments gearbeitet. 1534 erschien dann die das
Alte und das Neue Testament umfassende, mit 128 Holzschnitten illustrierte Vollbibel. Die Luthersche Bibelübersetzung war
ein riesiger Erfolg. Die Zahl der verkauften Exemplare der Teil-
und Gesamtausgabe lag bei rund einer halben Million. Kein
anderes Buch war in der Frühen Neuzeit erfolgreicher, was vor
allem dem niedrigen Preis zu verdanken war. Während eine illu-
minierte Bibelhandschrift im 15. Jh. noch um die 500 Gulden
gekostet hatte, war Luthers Neues Testament für einen halben
Gulden zu haben. Seitdem ist fast ein halbes Jahrtausend ver-
gangen und der allergrößte Teil der Exemplare ist aus ganz
unterschiedlichen Gründen verschwunden. So sind von der
1534 erschienenen ersten Ausgabe der Vollbibel weltweit nur
noch 60 Exemplare erhalten geblieben.

Ebenso wenig wie die Reformation wäre auch der Beginn der
wissenschaftlichen Revolution ohne das gedruckte Buch denkbar gewesen. Es beschleunigte die Verbreitung neuer Erkenntnisse deutlich und den Gelehrten standen im Gegensatz zu den
voneinander abweichenden Handschriften früherer Zeiten jetzt
textidentische Drucke zur Verfügung. Um die Jahrhundertmitte
erschienen mit Kopernikus *De revolutionibus orbium coeles-
tium* (1543), Vesalius *De humani corporis fabrica* (1543) und
Agricolas *De re metallica* (1556) Werke, die den Übergang zur
neuzeitlichen Wissenschaft deutlich zeigen. So wurde das geo-
zentrische vom heliozentrischen Weltbild abgelöst und ebenso
im Buch dargestellt wie das durch Sektionen gewonnene Wissen
über das Innere des menschlichen Körpers und die Bergbautech-
nik. Die neuen Kenntnisse verbreiteten sich mit Hilfe des Buchdrucks innerhalb kurzer Zeit in ganz Europa und regten zu wei-

teren Forschungen an. Der zunehmende gelehrte Briefverkehr, den die Verbesserung des Postwesens möglich machte, zeigt die Rezeption der neu erschienenen Werke.

Die Entwicklung der Buchproduktion. Weiterhin war das Lateinische die vorherrschende Publikationssprache, wenn der Anteil auch gegenüber der Inkunabelzeit zurückging, war es unverändert die Lingua franca von Religion und Wissenschaft. Etwa 56% aller Drucke erschienen im 16. Jh. in dieser Sprache. Bücher, die sich an eine breitere Leserschaft wandten, bedienten sich dagegen zunehmend der Volkssprachen. Das Deutsche wurde in 13% und das Französische und Italienische in jeweils 10% der Drucke verwendet. Der Inhalt der volkssprachlichen Drucke war breit gestreut und reichte von reformatorischen Flugschriften bis zu unterhaltenden, populären Lesestoffen, wie etwa dem *Till Eulenspiegel*. Doch spielte Unterhaltendes gegenüber der gelehrten, vor allem theologischen Buchproduktion noch eine recht geringe Rolle.

Mit einem Anteil von rund einem Drittel aller Titel stand weiterhin Deutschland an der Spitze der Buchproduktion, gefolgt von Frankreich und Italien auf die jeweils etwa ein Fünftel entfiel. Ein weiteres Fünftel teilten sich England, die Niederlande und die Eidgenossenschaft. Wenn auch in den meisten übrigen europäischen Ländern nun gedruckt wurde, spielte die Peripherie des Kontinents weiterhin nur eine geringe Rolle. So kamen beispielsweise in Russland erst 1553 in Moskau erste Druckprodukte auf den Markt. Die ersten Drucke in kyrillischer Schrift wurden allerdings bereits um 1500 in Krakau und Prag gefertigt. Mit der Kolonisierung begann sich die Drucktechnik schießlich außerhalb Europas zu verbreiten. So wurden von den Spaniern 1539 in Mexiko und 1593 auf den Philippinen wie von den Portugiesen 1556 im indischen Goa erste Druckereien eingerichtet.

Die Zentren der Buchproduktion in Deutschland veränderten sich aufgrund der Reformation gegenüber dem Beginn der Buchdruckzeit. Zwar behielten Augsburg und Nürnberg im Gegensatz zu Mainz und Ulm eine wichtige Rolle, doch die wichtigsten Druckerstädte waren jetzt Wittenberg und Leipzig. Gedruckt wurde in nicht weniger als 200 Orten im deutschen Sprachraum. Die meisten Druckereien besaßen nur eine oder zwei Druckerpressen, größere Betriebe gab es dagegen nur wenige. Die international größte Druckerei befand sich in Antwerpen, wo Christoph Plantin (um 1520–1589) eine Werkstatt mit 16 Pressen und mehr als 80 Beschäftigten führte. Über 2400 Titel wurden hier gedruckt, darunter die berühmte, den Bibeltext in fünf Sprachen enthaltende *Biblia Regia*.

Das europäische Zentrum der Buchproduktion und auch des Buchhandels war weiterhin Venedig. Freiheit und Weltoffenheit prädestinierten die drittgrößte Stadt des damaligen Europa für diese Rolle. Hier gab es im Gegensatz zu Deutschland mit seinem Wanderbuchhandel ebenso wie in Paris bereits feste Buchhandlungen. Diese boten die breite Produktion der Lagunenstadt an. Hier ragen die Drucke aus der 1494 von Aldus Manutius (1449–1515) gegründeten Werkstatt hervor, die besonders für ihre kleinformatigen Bücher in griechischer, italienischer und lateinischer Sprache berühmt war. Diese als Aldinen bezeichneten Bücher eroberten den internationalen Markt, da es Manutius verstand, sich mit den Humanisten zu vernetzen. Auf diese Weise erhielt er Kenntnis von herausragenden, den Druck lohnenden Handschriften und stand zugleich mit seinem wichtigsten Kundenkreis in ständigem Austausch. Die Buchproduktion Venedigs war durch eine große Internationalität gekennzeichnet. Hier wurden Bücher nicht nur in Griechisch, sondern auch in Armenisch, Hebräisch und vereinzelt sogar in Arabisch gedruckt: Zwischen 1520 und 1523 erschien die erste vollständige Ausgabe des Babylonischen Talmud ebenso wie 1536 die früheste gedruckte Ausgabe des Koran.

Die kaum mehr überschaubare Druckproduktion führte in den meisten Ländern zu einer Ausweitung der Kontrollmaßnahmen. Regierungen wie Kirchen versuchten das Erscheinen von Büchern missliebigen Inhalts zu verhindern. So führte die katholische Kirche 1559 den berühmten *Index librorum prohibitorum* ein. Dieser hatte in manchen Fällen aber die gegenteilige Wirkung und lenkte erst die Aufmerksamkeit auf die verbote-

IMPRESSIO LIBRORVM.
Poteſt vt vna vox capi aure plurima: Linunt ita vna ſcripta mille vaginas.

Der um 1590 entstandene Kupferstich zeigt Setzer,
Korrektor und Drucker bei der Arbeit. Der Buchdruck veränderte sich
nach seiner Erfindung im 15. Jh. bis um 1800 kaum.

nen Bücher. Die Zensur wurde aber ebenso von den protestantischen Kirchen ausgeübt. Anders als bei der katholischen Kirche bezogen sich aber deren Maßnahmen immer nur auf einzelne Territorien. Seit 1579 wurde das immer umfangreichere Angebot auf der Frankfurter Buchmesse durch einen kaiserlichen Kommissar beaufsichtigt, der den Nachweis der durch den jeweiligen Landesherrn erteilten Druckerlaubnis prüfte. Aufgrund der Vielzahl der deutschen Territorien konnte hier die Zensur aber leichter unterlaufen werden als in England oder Frankreich, wo das Drucken auf wenige Städte beschränkt war.

Die Frankfurter Buchmesse hatte für den Buchhandel eine zentrale Funktion. Sie fand zweimal jährlich statt, im Frühjahr die Ostermesse und Ende September die Michaelismesse. Hier trafen sich Drucker, Verleger und Autoren nicht nur aus Deutschland und es wurden die neuesten Nachrichten aller Art ausgetauscht und verbreitet. Die beschwerliche, oft lange und manchmal auch nicht ganz ungefährliche Reise an den Main war unverzichtbar, sollte die eigene Ware über den eigenen, engeren Umkreis hinaus abgesetzt werden. Gleichzeitig wurde Ware von anderen Druckern übernommen, die nach der Rückkehr in die Heimat verkauft wurde. Wie schnell das Angebot wuchs, zeigt die Tatsache, dass der Augsburger Verleger Georg Willer erstmals 1564 einen Messkatalog herausgab. Dreißig Jahre später folgte auch ein erster Katalog für die allmählich ebenfalls an Bedeutung gewinnende Leipziger Buchmesse.

Buchkunst und Typografie. Nur wenige Bücher wurden bereits gebunden verkauft, deshalb ließen sie die Kunden ihren finanziellen Möglichkeiten und ihrem Geschmack entsprechend selbst binden. Wie im ausgehenden Mittelalter prägten in Mitteleuropa auch im 16. Jh. weiterhin großformatige, meist in schwere Holzdeckel gebundene Bücher das Bild. Bindung und Formate verraten viel über die Verwendung von Büchern und die Lektüregewohnheiten. Große und schwere Bücher wurden sicher nicht im Bett oder in bequemer Haltung gelesen, sondern lagen zur Lektüre auf Pulten in Bibliotheken oder Tischen in Wohnungen. Dagegen finden sich in Frankreich und Italien zur gleichen Zeit schon mit wertvollem Leder überzogene Pappdeckel als Einbände. Diese waren wesentlich leichter und machten das Lesen angenehmer. Gerade in den großen italienischen Städten mit ihrer weit fortgeschrittenen Alphabetisierung gehörte das Lesen schon für viele Menschen zum Alltag. Humanismus und Renaissance waren hier zusammen mit der prosperierenden Wirtschaft die Ursachen dieser Entwicklung.

Das 16. Jh. war eine Zeit vielfältiger typografischer Entwicklungen. Noch heute gängige Schriftarten, etwa die Garamond, stammen aus dieser Zeit. Die sogenannten Antiquaschriften orientierten sich an der in der Antike verbreiteten Schrift und haben sich schließlich allgemein durchgesetzt. Während sie in den romanischen Ländern die sogenannten Gebrochenen Schriften schon bald vollkommen verdrängten, etablierte sich dagegen in Deutschland für die kommenden Jahrhunderte ein Nebeneinander von Antiqua und Gebrochenen Schriften. Während Bücher in lateinischer Sprache auch in Deutschland in einer Antiquaschrift erschienen, kamen dagegen Bücher in deutscher Sprache in einer Gebrochenen Schrift auf den Markt. Dabei setzte sich die von dem Augsburger Drucker Johann Schönsperger (um 1455–1521) erstmals 1513 verwendete Frakturschrift langfristig durch. Damit etablierte sich im 16. Jh. die für Deutschland typische Schriftspaltung, die das Erscheinungsbild hierzulande gedruckter Bücher bis weit ins 20. Jh. prägte.

Die dominierende Illustrationstechnik blieb wie schon in der Inkunabelzeit bis in das letzte Viertel des Jahrhunderts der Holzschnitt. Illustrationen dienten nicht ausschließlich dem Buchschmuck, sondern waren vor allem für Werke der Naturwissenschaften nun auch inhaltlich zunehmend unverzichtbar. Erstrangige Künstler, wie Hans Holbein d. J., Lukas Cranach d. Ä. oder Albrecht Dürer fertigten Holzschnitte für Buchillustrationen. Sicherlich hat Cranachs Illustration der Luther-Bibel von 1522 nicht wenig zu seiner großen Bekanntheit beigetragen. In keinem anderen Jahrhundert haben sich ähnlich herausragende Künstler mit der Aufgabe der Buchillustration befasst. Als Holzschnitte wurden aber nicht nur die Illustrationen selbst, sondern auch Initialen und Seitenrahmen ausgeführt. Typisch für die Epoche ist ein oft gerahmter Holzschnitt auf dem Titelblatt. Da Bücher nur selten gebunden angeboten wurden, spielte die Gestaltung des Titelblatts für den Verkauf eine wichtige Rolle. Das Titelblatt als solches schrieb die Zensur jetzt vor; es erleichterte es den Zensoren, den Überblick über die wachsende Buchproduktion zu behalten.

Gegenüber dem Holzschnitt spielte der Kupferstich im 16. Jh. wie schon in der Inkunabelzeit lange nur eine Nebenrolle, da sich dieses arbeitsaufwändige Tiefdruckverfahren nicht leicht mit dem im Hochdruck ausgeführten Buchdruck verbinden ließ. Größere Bedeutung gewann der Kupferstich im letzten Drittel des Jahrhunderts jedoch für Landkarten. Da er wesentlich detailreichere Illustrationen erlaubte, war er hierfür besser geeignet und verdrängte deshalb den Holzschnitt. Ein frühes Beispiel ist das 1570 von Abraham Ortelius (1527–1598) in Antwerpen veröffentlichte *Theatrum orbis terrarum*, ein Werk mit 53 Einzelkarten. Diesem folgte 1595 Gerhard Mercators (1512–1594) *Atlas*. Erstmals wird von ihm der künftige Name für eine Sammlung geografischer Karten im Titel verwendet. Aufgrund der zahlreichen Entdeckungsfahrten und des daraus resultierenden geografischen Interesses waren Atlanten wie auch Einzelkarten zunehmend begehrt.

Das 16. Jh. kennzeichnete die Emanzipation des gedruckten Buches von der noch fortwirkenden Handschriftenkultur. Während sich die Inkunabeldrucker noch darum bemüht hatten, ihre Produkte den Handschriften möglichst ähnlich zu gestalten, entwickelten sich nun zahlreiche, für die folgenden Jahrhunderte kennzeichnende Merkmale. Das Rubrizieren, also das Einfügen kleiner, farbiger, senkrechter Striche zur Kennzeichnung einzelner Wörter (etwa Namen) verschwand ebenso wie das Freilassen von Platz für die bisher von Hand hinzugefügten Initialen, die von nun an oft als kunstvoll gestaltete Holzschnitte gedruckt wurden. Nicht mehr länger war eine gedruckte Seite ein wenig gegliederter Text mit vollständig gefüllten Zeilen, sondern die Drucker strukturierten nunmehr verstärkt die einzelnen Seiten und verbesserten damit die Lesbarkeit. So wurde nun die Verwendung von Absätzen, Überschriften und Kolumnentiteln zur Gliederung allgemein üblich. Diese Veränderung fällt beim Vergleich von Inkunabeln und Büchern aus der Mitte des 16. Jhs. unmittelbar ins Auge. Gegliedert und besser erschlossen wurden die Bücher auch durch die Seitenzählung, die die bis dahin übliche Blattzählung ersetzte. Das Auffinden von Textstellen wurde damit erleichtert und auch die Kommunikation mit anderen Lesern vereinfacht, da die Seitenzählung für alle Exemplare einer Ausgabe identisch war.

Eine weitere auffällige Veränderung betrifft das weitgehende Verschwinden, der im Mittelalter üblichen Abbreviaturen und Ligaturen, also der Abkürzungen und Verschmelzungen mehrerer Buchstaben zu einem Zeichen. Das «&» für «et» (lat.: und) ist die einzige noch heute verwendete mittelalterliche Ligatur. Während bei der Gutenberg-Bibel noch mit 290 unterschiedlichen Lettern gearbeitet wurde, um auch Abbreviaturen und Ligaturen zu drucken, reduzierte sich die Letternzahl im 16. Jh.

erheblich. Dies bedeutete für die Drucker einen bedeutenden, vor allem wirtschaftlichen Vorteil. So wurde nicht nur die Zahl der benötigten, teuren Lettern vermindert, sondern auch das Setzen beschleunigt. Je geringer die Zahl der Lettern im Setzkasten war, desto schneller konnte der Setzer arbeiten.

Diese Veränderungen führten in der Summe dazu, dass sich die im Verlauf des 16. Jhs. gedruckten Bücher deutlich von den Inkunabeln unterschieden. Viele der bis heute üblichen, uns so selbstverständlichen Merkmale gedruckter Bücher bildeten sich in dieser Epoche endgültig heraus. Sie verbesserten die Lesbarkeit wesentlich und trugen so auch entscheidend zur Verbreitung der Lektüre außerhalb der Welt der Gelehrten bei.

Die islamische Welt und Äthiopien. Die islamische Welt, die bis ins Hochmittelalter eine blühende Buchkultur besaß, wurde von den durch den Buchdruck ausgelösten Veränderungen kaum berührt. Dieser wurde aus einer Reihe religiöser Gründe abgelehnt, zugleich gab es aber wohl auch Widerstände der Handschriftenschreiber, die den Verlust ihres Lebensunterhalts befürchteten.

Sultan Bayezid II. (1447/48–1512), der Herrscher des Osmanischen Reiches, verbot deshalb 1485 unter Androhung der Todesstrafe den Druck mit arabischen Lettern. Allerdings wurde der Buchdruck den in seinem Reich lebenden Armeniern, Griechen und Juden erlaubt. Bücher in Armenisch und Griechisch wurden in Konstantinopel seit 1567 bzw. 1627 gedruckt, jedoch schon wesentlich früher, seit 1490, Bücher in hebräischer Sprache. Die ältesten Drucke im Vorderen Orient waren deshalb Hebraica aus Konstantinopel, Saloniki und einigen anderen Städten. Ebenso waren auch in Marokko die ersten Buchdrucker Juden. Das vermutlich erste in Afrika gedruckte Buch, das *Sefer Abudarham*, ein liturgisches Werk, druckte der aus Portugal geflohene Samuel Nedivot 1516 in Fez.

Die ersten Bücher mit arabischen Lettern stammten jedoch aus Italien. Für arabisch sprechende Christen wurde 1514 in Fano ein Buch über das Stundengebet und 1516 in Genua ein Psalter gedruckt. Auch der erste gedruckte Koran erschien, wie schon erwähnt, 1536 in Venedig. Insgesamt wurden auf der Apenninhalbinsel bis zum Ende des 18. Jhs. mehr als 300 Werke in arabischer Sprache veröffentlicht. 1706 konnte endlich auch in einer arabischen Stadt, in Aleppo, ein Psalter für orientalische Christen gedruckt werden.

In Konstantinopel verdienten sich um 1700 einige Tausend Menschen ihren Lebensunterhalt mit Kopier- und Schreibarbeiten, weshalb das Druckverbot neben religiösen auch wirtschaftliche Hintergründe hatte. Erstmals gelockert wurde es 1727 durch einen Erlass von Sultan Ahmed III. In einer 1729 bis 1746 in der Hauptstadt betriebenen Druckerei konnten nun Bücher ausschließlich weltlichen Inhalts hergestellt werden. Mit insgesamt 16 Titeln war die Produktion dieses Betriebs von Ibrahim Müteferrika allerdings durchaus überschaubar. Und dabei blieb es auch, denn bis 1800 sollten in anderen Druckereien im Osmanischen Reich nur weitere 37 Werke in arabischen Lettern gedruckt werden. Der Buchdruck war damit in der arabisch-islamischen Welt lange eine Randerscheinung und die durch Kopisten gefertigte Handschrift das Übliche.

Auch in Äthiopien, einem von Europa weitestgehend isolierten, christlich geprägten Land, bestimmten Handschriften bis ins 20. Jh. die Buch- und Schriftkultur. Diese reicht bis in die Antike zurück und hat ihre Wurzeln im östlichen Mittelmeerraum, doch hat sie auch Einflüsse aus Arabien und Indien aufgenommen. Es entstanden über die Jahrhunderte möglicherweise bis zu einer Million Handschriften, die überwiegend in Ge'ez, der Kirchensprache des Landes, in äthiopischer Schrift aufgezeichnet wurden. Als Beschreibstoff diente Pergament, die verbreitetste Buchform war auch hier der Codex. Die meisten dieser Handschriften befinden sich noch heute in oft bedrohten Sammlungen in Kirchen und Klöstern Äthiopiens und Eritreas. Doch sind in europäischen Bibliotheken schon seit dem 16. Jh. äthiopische Handschriften zu finden.

Angesichts des in Äthiopien weit verbreiteten Gebrauchs der Schrift sollte das noch immer weithin vorherrschende Bild Afrikas als eines ausschließlich von der mündlichen Überlieferung geprägten Kontinents hinterfragt werden. Gab es doch auch in dem in Mali gelegenen, islamisch geprägten Timbuktu Sammlungen von vielen Tausend, zum Teil aus dem 12. und 13. Jh. stammenden Handschriften.

Vernichtung der mittelamerikanischen Buchkulturen. Während in der islamischen Welt und Äthiopien die einheimische Buchkultur bis zum Beginn des 20. Jhs. erhalten blieb, endete diese in der Frühen Neuzeit mit der Eroberung durch die Spanier in Mittelamerika. Die altmexikanische Buchkultur besitzt eine lange, weitestgehend unbekannte Geschichte, gab es doch in Mittelamerika schon seit etwa 1200 v. Chr. erste Schriften.

Im mexikanischen Hochland waren klosterähnliche Anlagen Zentren der Schriftlichkeit. Hier entstanden die aztekischen Bilderhandschriften vorwiegend religiösen Inhalts in Faltbuchform. Mit einem Kalkgrund überzogene Hirschlederstreifen dienten dabei als Beschreibstoff. Schon vor der Eroberung durch die Spanier wurden allerdings von den Azteken die Bücher der von ihnen besiegten Völker vernichtet. Ähnlich verfuhren wiederum die Spanier mit den Büchern der Azteken und verbrannten sie in großem Stil. Es ist deshalb nur ein gutes Dutzend aztekischer Handschriften aus der präkolumbischen Zeit erhalten geblieben.

Die auf der Halbinsel Yukatan lebenden Maya verwendeten dagegen schon seit dem 3. Jh. v. Chr. keine Bilder- sondern eine Silbenschrift, die bisher noch nicht vollständig entziffert werden konnte. Frühe Faltbücher gab es hier um die Mitte des ersten nachchristlichen Jahrtausends. Die Maya schrieben sie auf Streifen von verfilztem Feigenbast, der ebenfalls mit einer dünnen Kalkschicht überzogen wurde. Das feuchte Klima Yukatans führte zum Zerfall zahlreicher dieser Handschriften. Wesentlich mehr Handschriften wurden allerdings auch hier durch die Europäer zerstört. Es sind deshalb nur drei, heute in Dresden, Madrid und Paris befindliche Handschriften erhalten geblieben.

Nach der spanischen Eroberung entstanden im Verlauf des 16. Jhs. noch einige Jahrzehnte lang traditionell gestaltete Handschriften, für die dann allerdings schon lateinische Buchstaben verwendet wurden. Doch ging die alte Handschriftenkultur endgültig ihrem Ende entgegen, als die Spanier 1539 im heutigen Mexiko-Stadt und dann 1581 auch im peruanischen Lima die ersten Druckerwerkstätten auf dem amerikanischen Kontinent einrichteten.

Die Epoche der Kupferstichwerke und Enzyklopädien

Das gedruckte Buch, das im 16. Jh. wesentlich zur Ausbreitung der Reformation beitrug, hatte in den beiden folgenden Jahrhunderten entscheidenden Anteil am Erfolg der Aufklärung und dem mit ihr verbundenen Wandel in den Wissenschaften. Trotzdem veränderte sich die Herstellung der Bücher bis zum Ende des 18. Jhs. kaum. Mangels technischer Neuerungen konnte der Output nur durch die Vergrößerung der Werkstätten und deren bessere Organisation gesteigert werden. Tatsächlich wuchs die Buchproduktion aber beträchtlich: Schätzungsweise 500 Millionen Exemplare an Büchern wurden im 17. und rund eine Milliarde im 18. Jh. gedruckt. Mit den wachsenden Büchermassen stiegen zugleich die Anforderungen an die Bibliotheken und deren Größe, was sich im 1726 fertiggestellten, 200 000 Bände fassenden Prunksaal der heutigen Österreichischen Nationalbibliothek widerspiegelt.

Buchmarkt und Buchhandel. In Abhängigkeit von den politischen und wirtschaftlichen Rahmenbedingungen in den einzelnen Ländern entwickelte sich der Buchmarkt zwischen 1600 und 1800 recht unterschiedlich. Während im 15. und 16. Jh. der überwiegende Teil der Druckproduktion aus Deutschland und Italien stammte, spielten im 17. Jh. besonders die Niederlande international eine wichtige Rolle. Neben Frankreich und Großbritannien nahm, nachdem es sich von den Folgen des Dreißigjährigen Krieges erholt hatte, dann im 18. Jh. auch Deutschland wieder eine Spitzenposition ein. Aus den drei Ländern stammten im 18. Jh. zwei Drittel aller Bücher in Europa.

Das «Goldene Zeitalter» der Niederlande im 17. Jh. betraf
auch das Druck- und Verlagswesen. Seine zentrale Stellung
konnte das kleine Land sowohl aufgrund der liberalen Haltung
seiner Regierung wie auch seines wirtschaftlichen Wohlstands
und der damit einhergehenden europaweit am weitesten fortgeschrittenen Alphabetisierung erwerben. Obwohl hier nur etwa
zwei Millionen Menschen lebten, war der Binnenmarkt deshalb
trotzdem beträchtlich. Ungefähr die Hälfte der Bewohner lebten in den Städten, mehr als irgendwo sonst, was wiederum
dem Buchhandel bessere Absatzmöglichkeiten bot und erklärt,
warum es hier den höchsten durchschnittlichen Buchbesitz in
Europa gab.

Die für damalige Verhältnisse große Weltoffenheit und Toleranz erlaubte den Druck andernorts verbotener Literatur – etwa
von Werken von Galilei oder Descartes. Amsterdam und die
Universitätsstadt Leiden waren die Zentren des Druck- und Verlagswesens. Hier betrieb die Familie Elzevir ihren Verlag, der
bedeutende wissenschaftliche Werke ebenso verlegte wie Molières Dramen. Seit 1629 erschien bei Elzevir eine Serie der lateinischen Klassiker, die aufgrund ihres niedrigen Preises europaweit erfolgreich war und zu den Vorläufern des Taschenbuchs
zählt.

Dagegen brach in Deutschland das Druck- und Verlagswesen
aufgrund des Dreißigjährigen Krieges (1618–1648) ein. Die Bevölkerungszahl sank um rund ein Drittel und die Lesefähigkeit,
die im vorangehenden Jahrhundert einen Aufschwung genommen hatte, ging wieder zurück, womit auch der Markt für Gedrucktes schrumpfte. Die Frankfurter Buchmesse verzeichnete
einen erheblichen Rückgang der angebotenen Ware. Waren es
in den 1610er Jahren durchschnittlich rund 1600 Neuerscheinungen gewesen, die auf der Messe angeboten wurden, sank die
Zahl in den Kriegsjahren unter die Hälfte. Gleichzeitig verloren
viele Bücher aber auch erheblich an Qualität. Hochwertiges Papier stand kaum mehr zur Verfügung und der Import aus Italien
und den Niederlanden war nur schwer möglich. Die in Deutsch-

land hergestellten Papiere aber spiegelten die Qualität der als Rohstoff zur Papierherstellung dienenden Lumpen. Führte der Krieg doch dazu, dass Kleider länger getragen wurden und entsprechend stärker abgenutzt in die Papiermühlen kamen. Nicht wenige Lumpen waren vorher zudem noch als Verbandmaterial verwendet worden und entsprechend verschmutzt.

Nach dem Ende des Krieges erholte sich die Buchproduktion nur schleppend, die Zahl der auf den Messen in Frankfurt und Leipzig angebotenen Bücher erreichte den Vorkriegsstand erst wieder nach 150 Jahren, also um 1770. Allerdings ist dabei zu berücksichtigen, dass Bücher, von denen die Verleger sich kein allgemeines Interesse erwarteten, auf den Messen erst gar nicht mehr angeboten wurden. Dies betraf vor allem die immer noch dominierende theologische Literatur. So konnte ein süddeutscher Verleger kaum erwarten, dass die von ihm angebotenen Theologica die Neugier seiner Kollegen aus dem Norden wecken könnten. Auch die sogenannten Personalschriften, mit denen sich viele Drucker über Wasser hielten, waren meist nur von lokalem Interesse. Dazu zählten die in protestantischen Gebieten sehr verbreiteten Leichenpredigten, die vor allem biografische Darstellungen enthielten.

Nach dem Dreißigjährigen Krieg gab es in Deutschland zwei langfristig wichtige Veränderungen. Erstens etablierte sich Leipzig als die für die kommenden Jahrhunderte führende Druck- und Verlagsstadt, als die deutsche Buchstadt schlechthin. Gefördert von Sachsens Regierung fand die wichtigste Buchmesse nun hier statt, wogegen die Frankfurter Messe seit 1764 aufgrund des Fernbleibens der norddeutschen Buchhändler endgültig jegliche Bedeutung verlor und schließlich für lange Zeit eingestellt wurde. Die zweite wichtige Veränderung war der Bedeutungsverlust des Lateinischen zugunsten des Deutschen. Während um die Jahrhundertmitte das Lateinische noch dominierte und damit ein internationaler Absatzmarkt vorhanden war, erschien seit den 1690er Jahren die Mehrzahl der Bücher auf Deutsch. Diese Entwicklung hin zur Volkssprache hatte in Italien, Frankreich und England schon deutlich früher eingesetzt. Im 18. Jh. wurde das Lateinische weiter zurückgedrängt und verlor schließlich seine Bedeutung fast vollständig. An die Stelle der alten Lingua franca der Wissenschaft trat zuerst das Französische, später dann auch das Deutsche und Englische.

Während in Deutschland aufgrund der politischen Zersplitterung in vielen Städten Bücher gedruckt und verlegt wurden, war die Buchproduktion in England und Frankreich stärker eingeschränkt. Es fiel auf diese Weise in diesen zentralisierten Ländern den Herrschenden wesentlich leichter, die Buchproduktion zu kontrollieren. So durfte in England bis um 1700 nur in London, Oxford, Cambridge und York gedruckt werden. Danach wurden diese Einschränkungen aufgehoben und die Buchproduktion stieg schon bald erheblich an. In Frankreich gab es außerhalb von Paris und Lyon, wo 90% aller Bücher erschienen, nur wenige lizenzierte Drucker, was die staatliche Überwachung bis zur Revolution 1789 deutlich erleichterte.

Außerhalb Europas expandierte das Druck- und Verlagswesen. War schon seit 1539 in den spanischen Kolonien (Mexiko-Stadt) gedruckt worden, so folgten im 17. Jh. auch erste Druckereien in den künftigen Vereinigten Staaten. 1640 wurde am Harvard College in Massachusetts mit *The Whole Booke of Psalmes* das erste Buch in Nordamerika gedruckt. An insgesamt sechs Orten in Neuengland wurden im 17. Jh. Druckereien eingerichtet, denen bis zur Unabhängigkeit 1776 in fast allen Territorien weitere folgten. Die englischen Kolonien waren aufgrund der schon weit fortgeschrittenen Alphabetisierung ein für Druckprodukte aufnahmebereiter Markt. Mit Benjamin Franklin war sogar einer der Gründerväter der USA Drucker.

Lektüre im Wandel. Bücher und Lektüre wurden in der Frühen Neuzeit immer wichtiger. Gut zu sehen ist dies an zahlreichen Gemälden, die Leserinnen und Leser zeigen. Die wachsende Rolle des Buches ist eine Folge der im Zuge der Aufklärung zunehmenden Lesefähigkeit. Beginnend mit Sachsen-Gotha 1642 führten bis zum Ende des 18. Jhs. die deutschen Staaten nach und nach die Schulpflicht ein. So war es möglich, dass bis gegen 1800 der Anteil der Lesekundigen auf annähernd die Hälfte der Bevölkerung anwuchs. Unverändert gab es jedoch wie überall in Europa noch starke Unterschiede der Lesekenntnisse zwischen Frauen und Männern, Land und Stadt, katholischen und protestantischen Gebieten. Während in den Jahrhunderten zuvor das Lesen vor allem mit Studium und Wissenschaft verbunden war, lasen jetzt immer mehr Menschen zur Unterhaltung. Lesen war nicht länger eine Domäne der Männer, sondern auch Frauen, vor allem aus den gehobenen Gesellschaftsschichten, lasen nun verstärkt.

Mit der allmählichen Einführung der Schulpflicht nahmen auch die Lesekenntnisse der Bauern und Handwerker langsam zu. Diese Menschen erwarben ihre Lektüre auf Jahrmärkten und bei Hausierern. Neben Bibeln, Gebet- und Erbauungsbüchern wurden gern Wetter- und astrologische Prognostiken, Schwanksammlungen und Kalender gekauft. Letztere enthielten neben dem eigentlichen Kalender auch allgemeinbildende und unterhaltende Inhalte.

Mit der zunehmenden Verbreitung des Schulbesuchs wuchs auch die Bedeutung junger Menschen als Buchleser. Zwar hatte es mit den sogenannten *Donaten* schon in der Inkunabelzeit erste Schulbücher gegeben, doch erschienen erst seit dem 18. Jh. Kinderbücher im eigentlichen Sinn. Bilderbücher und Kinderromane kamen ebenso auf den Markt wie Gedichte, Liedersammlungen und Zeitschriften für Kinder. Leisten konnten sich diese Bücher allerdings nur wohlhabende Eltern.

Wegen der allgemein wachsenden Bedeutung des Lesens wird deshalb auch von der «Leserevolution» des 18. Jhs. gesprochen. Das Lesen wurde zu einer so beliebten Beschäftigung, dass manche Zeitgenossen sogar vor der «Lesesucht» warnten. Deutlich wird die breiter werdende Nachfrage vor allem nach unterhaltendem Lesestoff auch durch die Gründung von Lesegesellschaften in vielen Städten überall in Europa. Diese durch Mitgliedsbeiträge finanzierten Vereinigungen boten in ihren Räumen Bücher, Zeitschriften und Zeitungen zur Lektüre an. Gleichzeitig waren sie für das wohlhabende Bürgertum und den niederen Adel Orte der Geselligkeit und des Austauschs.

Die wissenschaftliche Revolution und die Aufklärung veränderten die Inhalte der Neuerscheinungen. Das Angebot be-

herrschten bis weit ins 18. Jh. Bibeldrucke, Gebet- und Gesang-
bücher sowie Erbauungsschriften. Fast 40 % der 1740 auf der
Leipziger Messe angebotenen Neuerscheinungen entfielen auf
religiöse Literatur, obwohl diese bereits deutlich an Gewicht
verloren hatte. Seit dem letzten Drittel des 17. Jhs. wuchs das
Angebot an Büchern zu Gewerbe, Landwirtschaft, Medizin und
Naturwissenschaften deutlich. Eine besonders ins Auge fallende
Veränderung im 18. Jh. betrifft den Anteil der unterhaltenden
Literatur. Machte diese zu Jahrhundertbeginn weniger als 3 %
der Neuerscheinungen aus, so stieg der Anteil in den nächsten
hundert Jahren auf fast 30 % an. Es erschienen immer mehr Romane und Schauspiele und trafen auf einen aufnahmebereiten
Markt.

Mit der wissenschaftlichen Revolution und der Aufklärung
wuchs auch die Nachfrage nach Lexika und Enzyklopädien, die
das immer schwerer überblickbare Wissen erschlossen. Nachdem seit dem letzten Drittel des 17. Jhs. schon eine Reihe von
mehr oder minder umfangreichen Nachschlagewerken erschienen war, ist die von 1751 bis 1772 publizierte *Encyclopédie, ou
dictionnaire raisonné des sciences, des arts et métiers* geradezu
ein Sinnbild der Aufklärung. Das von Denis Diderot (1713–
1784) und Jean le Rond d'Alembert (1717–1783) herausgege-
bene Werk umfasst 17 Text- und 11 Bildtafel-Bände. Letztere
enthalten fast 3000 hervorragende Kupferstiche, die eine wichtige Quelle zur Geschichte des 18. Jhs. sind. Als Autoren gewannen Diderot und d'Alembert bekannte Gelehrte wie Mon-
tesquieu (1689–1755), Rousseau (1712–1778) oder Voltaire
(1694–1778). Die *Encyclopédie* war ein großer verlegerischer
Erfolg: Über 23 000 Exemplare wurden bis 1789 gedruckt und
überall in Europa verkauft.

Die Enzyklopädien zeigen den Wissensdurst der Frühen Neuzeit ebenso wie die Vielzahl von Atlanten. Nachdem die Karto-
grafen Ortelius und Mercator 1570 bzw. 1595 ihre wegweisen-
den Kartenwerke veröffentlicht hatten, wurden die Niederlande
in der Herstellung von Atlanten und Landkarten für lange Zeit
führend. Die bedeutende Seefahrernation benötigte dringend
Kartenmaterial und es bestand an diesem Thema darüber hin-

aus auch ein großes allgemeines Interesse. Die Firmen Hondius, Janssonius und Blaeu beherrschten den internationalen Markt. Mit ihrem elfbändigen *Atlas maior* (1662) wurde das Amsterdamer Unternehmen Blaeu weltberühmt. Dieser enthält auf insgesamt 4608 Seiten 594 Karten und erschien zuerst in einer lateinischen Ausgabe, gefolgt von einer französischen und niederländischen. Dem Umfang entsprechend lag der Preis bei 330 Gulden für ein nichtkoloriertes und 430 Gulden für ein koloriertes Exemplar.

Buchgestaltung und Kupferstichkunst. Das Buch blieb bis zum Ende der Frühen Neuzeit noch mehr oder weniger ein Luxusgut. Der überwiegende Teil der Bevölkerung besaß keine oder nur wenig Bücher, auch da die Lesekenntnisse entweder noch fehlten oder zumindest nicht ausreichten. Die Buchkäufer entstammten den wohlhabenderen Schichten und legten häufig nicht nur auf den Inhalt, sondern auch auf die Gestaltung Wert.

Die im Buchhandel erworbenen Bücher waren weiterhin meist ungebunden. Die Käufer mussten sie deshalb selbst bei einem Buchbinder binden lassen. Geschmack und finanzielle Möglichkeiten bestimmten den Einband. So kann ein Buch aus dieser Zeit in einen schlichten Papp- oder einen aus feinem Ziegenleder gefertigten, wertvollen Maroquineinband gebunden sein. Endgültig der Vergangenheit gehörten jedoch die schweren Holzdeckeleinbände an, die noch im 16. Jh. häufig waren. Auch wurden Bücher jetzt immer öfter in kleinen Formaten produziert, was ebenfalls auf den alltäglicheren Umgang hinweist.

Das sicherlich auffälligste Merkmal der Bücher dieser Epoche aber ist die Illustration mit Kupferstichen. Der im frühen 15. Jh. entwickelte Kupferstich wurde erst seit dem späten 16. Jh. vermehrt in der Buchillustration eingesetzt. Er verdrängte den bis dahin dominierenden Holzschnitt zwar nicht, prägte jedoch die Buchillustration vom Ende des 16. bis zum Beginn des 19. Jhs. weitgehend. Kupferstiche ermöglichten detailreichere, feinere Illustrationen und eigneten sich deshalb für wissenschaftliche Werke, Atlanten und Karten besonders. Das Frontispiz, eine blattgroße bildliche Darstellung, und ein in Kupfer gestochenes

Titelblatt standen am Anfang vieler Werke. Die weiteren Illustrationen wurden entweder ebenfalls als Kupferstiche oder aus Kostengründen als Holzschnitte ausgeführt. Ein bekanntes Beispiel ist die 31 Bände umfassende *Topographia Germaniae* mit ihren in Kupfer gestochenen, detailreichen Städteansichten, die Matthäus Merian (1593–1650), der bekannteste deutsche Kupferstecher des 17. Jhs., in Frankfurt a. M. herausgab.

Allerdings war die Herstellung eines Kupferstichs eine aufwändige und damit teure Arbeit. Eine vorliegende Zeichnung wurde mit einem Stichel seitenverkehrt in eine, nur wenige Millimeter dicke Kupferplatte eingearbeitet. Die scharfen, kantigen Linien sind eines der Kennzeichen dieser Illustrationsform. Diese tiefer gelegten Linien nehmen die Farbe auf. Anders als bei Buchdruck und Holzschnitt handelt es sich beim Kupferstich also um ein Tiefdruckverfahren. Da deshalb Kupferstiche nicht gemeinsam mit dem Text gedruckt werden konnten, kamen sie meist auf separate Abbildungsseiten. Text und Bild waren damit getrennt, was einen gewissen Nachteil darstellte, der jedoch durch den Detailreichtum der Kupferstiche ausgeglichen wurde.

Die Typografie zeichnete das Streben nach gut lesbaren, ästhetisch ansprechenden Schriften aus. Herausragende Schriftgestalter waren in Frankreich Pierre-Simon Fournier (1712–1768) und François-Ambroise Didot (1730–1804), ebenso prägend waren in Großbritannien John Baskerville (1706–1775) oder in Italien Giambattista Bodoni (1740–1813). Die deutsche Typografie zeichnete zum einen die Entwicklung neuer, besser lesbarer Frakturtypen und zum anderen der im 18. Jh. beginnende Druck von Publikationen in deutscher Sprache mit Antiquatypen aus. Letzteres stellte eine bedeutende Veränderung dar, da in Deutschland bisher eine strikte Trennung der zu verwendenden Schrift geherrscht hatte. Bücher in deutscher Sprache wurden bis dahin in Fraktur und Bücher in lateinischer Sprache in Antiquaschrift gedruckt.

Ein neues Anwendungsfeld eröffnete der Lehrer Valentin Haüy (1745–1822) der Typografie mit der Herstellung von Büchern für Blinde. Von Diderot waren deren vielfältige Probleme

1749 eingehend thematisiert und in den folgenden Jahrzehnten von den Aufklärern wiederholt diskutiert worden. Es war Haüys Idee, Bücher mit erhabener Schrift zu drucken, so dass Blinde diese Texte ertasten konnten. Der Schriftsatz wurde mit Hilfe einer Walzenpresse so auf dickes, angefeuchtetes Papier gedrückt, dass die Buchstaben auf der Gegenseite erhaben heraustraten. Mit dem *Essai sur l'instruction des aveugles* erschien 1786 das erste derartige «Reliefbuch». Doch war das Lesen dieser Bücher nicht einfach und sie waren aufgrund der Größe der Buchstaben und der nur einseitig bedruckten Seiten auch unhandlich und schwer. Der entscheidende Schritt, der blinden Menschen das Lesen ermöglichte, glückte erst mit dem von Louis Braille (1809–1852) entwickelten Punktschriftsystem, der später nach ihm benannten Brailleschrift.

Die neuen Medien der Frühen Neuzeit.   Im frühen 17. Jh. entstand zuerst in Deutschland mit der Zeitung ein neues Druckprodukt. Dessen Vorläufer waren geschriebene Zeitungen, Einblattdrucke und die aus Anlass der Buchmessen halbjährlich erscheinenden sogenannten Messrelationen. Diese Vorläufer wurden aber nur zu besonderen Ereignissen gedruckt und konnten den Nachrichtenhunger kaum befriedigen. Seit 1605 kamen zuerst in Straßburg mit der *Relation* und dann ab 1609 in Wolfenbüttel mit dem *Aviso* die ersten, regelmäßig wöchentlich erscheinenden Zeitungen heraus. Damit eröffnete sich für die Drucker ein neues Tätigkeitsfeld. Die Möglichkeit, eine Zeitung zu veröffentlichen, hing allerdings vom Anschluss der betreffenden Stadt an das Postroutennetz ab. Denn über dieses kamen die zu druckenden Neuigkeiten in die Stadt. Aufgrund der Zersplitterung des Heiligen Römischen Reichs entstanden vielerorts oft allerdings nur kurzlebige Zeitungen. Seit 1650 kam in Leipzig schon die erste Tageszeitung auf den Markt. Möglich machte dies das Zusammentreffen mehrerer Postrouten im wichtigsten Zentrum des deutschen Buchhandels. Anders als bei Büchern belebte der Krieg den Druck von Zeitungen eher, da es für die Menschen oft überlebenswichtig war, über das aktuelle Geschehen im Bilde zu sein. Das neue Medium Zeitung half ihnen dabei.

Die Zeitung sollte zum Vorbild für die Zeitschrift werden. Jean Denis de Sallo (1626–1669), ein hoher Beamter im Dienst des französischen Ministers Colbert, hatte den Gedanken, dass die Einführung einer «Zeitung für die Wissenschaft» diese voranbringen könnte. Bisher erhielten die einzelnen Gelehrten von den Erkenntnissen ihrer Kollegen durch deren Briefe Kenntnis. Eine größere Öffentlichkeit erfuhr oft erst nach der Veröffentlichung in Buchform von den Fortschritten. Entsprechend konnte es viele Jahre dauern, bis sich neue Erkenntnisse stärker verbreiteten. Mit der Gründung erster wissenschaftlicher Akademien in Italien um 1600 wurde versucht dieses Problem zu lösen. Allerdings waren die frühen Akademien eine lokale Angelegenheit und konnten zur weiteren Verbreitung wissenschaftlicher Erkenntnisse nur begrenzt beitragen.

Das Jahr 1665 wurde zum Geburtsjahr der wissenschaftlichen Zeitschrift, die die Kommunikation zwischen den Gelehrten auf eine neue Basis stellte: In Frankreich erschien im Januar diesen Jahres mit dem von de Sallo angeregten *Journal des savants* die erste wissenschaftliche Zeitschrift und nur wenige Monate später folgten die in London erscheinenden *Philosophical Transactions* dem Vorbild. Zeitschriften boten die Möglichkeit, neue Erkenntnisse in Form des wissenschaftlichen Aufsatzes wesentlich schneller zu veröffentlichen. Ebenso wurde in ihnen die Korrespondenz einzelner Gelehrter und Hinweise auf neu erschienene Bücher veröffentlicht. Letzteres füllte eine Lücke, denn abgesehen von den zu den Buchmessen veröffentlichten Messkatalogen gab es bis dahin kaum Möglichkeiten sich systematisch über Neuerscheinungen auf dem Laufenden zu halten.

Die wissenschaftlichen Zeitschriften waren auf Medizin, Naturforschung und Technik ausgerichtet. Diese Gebiete entwickelten sich in der Zeit der wissenschaftlichen Revolution – stellvertretend seien als wichtige Vertreter Leibniz und Newton genannt – mit großer Dynamik und benötigten die schnellere Kommunikationsform am dringendsten. Wie die Herausgeber des *Journal des savants* schmerzhaft erfahren mussten, konnten mutige Veröffentlichungen zu Rechtswissenschaften und Theologie die Existenz einer Zeitschrift aber auch schnell in Gefahr bringen. Den französischen und englischen Vorbildern folgten in Deutschland die seit 1684 in Leipzig erscheinenden *Acta eruditorum*. Anders als in Frankreich und England erschien diese Zeitschrift jedoch auf Latein. Nach und nach folgten weitere Länder und bald begannen erste Zeitschriften sich auf ein Gebiet, zuerst die Medizin, zu beschränken.

Die Zeitschriften etablierten sich schnell im Wissenschaftsbetrieb der Frühen Neuzeit. Dieses neue Medium gefährdete das Buch in keiner Weise, sondern trug im Gegenteil dazu bei, dass sich mit den in Zeitschriften erscheinenden Buchrezensionen die Absatzmöglichkeiten verbesserten. Für Verleger sanken die Risiken beim Geschäft mit wissenschaftlicher Literatur und entsprechend wuchsen für die Autoren die Chancen, dass ihre Manuskripte auch veröffentlicht werden konnten. Mit der Zahl wissenschaftlicher Zeitschriften stieg parallel die Zahl der wissenschaftlichen Titel auf dem Buchmarkt.

Die Industrialisierung der Druckproduktion

Das 19. Jh. war eine Epoche tiefgreifenden politischen, sozialen, technischen und wirtschaftlichen Wandels. Zusammen mit Zeitungen und Zeitschriften ist das Buch ein Spiegelbild der Veränderungen und trieb sie als Medium selbst entscheidend voran. Die um 1800 einsetzenden technischen Innovationen betrafen alle Bereiche der Produktion und Distribution von Druckprodukten – von der Papierherstellung bis zum Buchhandel. An die Stelle der handwerklichen trat die industrielle Buchproduktion, aus dem Luxusgut Buch wurde mehr und mehr ein Konsumartikel.

Nachgefragt wurde das Gedruckte von einer rapide steigenden Bevölkerung. Lebten um 1800 rund 190 Millionen Menschen in Europa, so waren es um 1900 mehr als 400 Millionen. Die Zunahme der Bevölkerung war eine wesentliche Ursache für die stark wachsende Nachfrage nach Büchern, Zeitschriften und Zeitungen. Die andere war die in Europa wie auch in anderen Weltregionen fortschreitende Alphabetisierung.

Die Länder des deutschen Sprachraums, Großbritannien, Skandinavien und Nordamerika erreichten bis zum Jahrhundertende die Vollalphabetisierung. Die jahrhundertelang bestehenden Unterschiede in der Lesefähigkeit zwischen Stadt und Land, Männern und Frauen, Protestanten und Katholiken gehörten nun der Vergangenheit an. Zwar hinkten das südliche und vor allem das östliche Europa dieser Entwicklung hinterher, doch auch dort schritt die Alphabetisierung unaufhaltsam voran.

Technischer Wandel. Die Herstellung von Papier hatte sich seit dessen Einführung im Mittelalter über viele Jahrhunderte nicht verändert. Die erste Neuerung stellte um 1700 die Einführung des sogenannten (Papier-) Holländers – eines wasserkraftgetriebenen Mahlwerks – an Stelle des bisher verwendeten Stampfwerks dar. Mit dem Holländer wurde die Zerkleinerung der Lumpen beschleunigt, doch blieb ansonsten bis zum Ende des 18. Jhs. noch alles beim Alten. In der Papiermanufaktur der Drucker- und Verlegerfamilie Didot in Essonnes südlich von Paris glückte Louis Nicolas Robert (1761–1828) im Jahr 1798 die Konstruktion einer Langsiebpapiermaschine, die das Schöpfen aus der Bütte von Hand durch eine einfache Mechanik ersetzte und so die maschinelle Papierfabrikation ermöglichte. Nachdem diese Maschine in den folgenden Jahren verbessert worden war, erlaubte sie gegenüber dem herkömmlichen Verfahren eine Verzehnfachung der Produktionsmenge. Allerdings verbreitete sich die Papiermaschine aufgrund der hohen Anschaffungskosten nur langsam. So wurde in Deutschland erst 1819 in einer Berliner Fabrik das erste Maschinenpapier hergestellt. In einigen Ländern – etwa Spanien – herrschte sogar noch Mitte des 19. Jhs. das traditionelle Verfahren vor.

Die Papierproduktion stieg allein in Deutschland von rund 20 000 Tonnen um 1800 auf rund eine Million Tonnen hundert Jahre später. Dafür waren zunehmend leistungsfähigere Papiermaschinen die eine Voraussetzung, die andere war die Ausweitung der Rohstoffbasis. Das begrenzte Angebot an Lumpen bremste das Wachstum der Papierproduktion jedoch noch einige Jahrzehnte. Zwar war schon im 18. Jh. mit verschiedenen Pflanzen und sogar mit Wespennestern als Rohstoffen experimentiert worden. Diese Versuche führten letztlich aber nicht zum Erfolg. Immerhin konnten seit Ende des 18. Jhs. nicht mehr nur ungefärbte Textilien in den Papiermühlen verarbeitet werden. Gefärbte Lumpen wurden nun mit Chlor gebleicht und waren damit ebenfalls verwendbar. Damit wuchs die zur Verfügung stehende Menge deutlich, doch blieb es bis in die 1840er Jahre bei Lumpen als einzigem für die Papierherstellung geeigneten Rohstoff. Wegen dessen begrenztem Aufkommen gab es Versorgungsengpässe, auf die einige Länder mit Lumpenausfuhrverboten reagierten.

Der Durchbruch gelang Friedrich Gottlob Keller (1816–1895), der zu Beginn der 1840er Jahre herausfand, dass Holzschliff – mechanisch gemahlenes Holz – die Lumpen zu einem großen Teil ersetzen konnte. Er stellte in Chemnitz erstmals Papier her, das zu zwei Dritteln aus Holzschliff und zu einem Drittel aus Lumpen erzeugt wurde. Während Keller mechanische Mittel zur Gewinnung des Holzschliffs einsetzte, wurde um 1870 die Möglichkeit zur Produktion von Zellstoff entdeckt, indem unter Zusatz von sauren Flüssigkeiten Holzschliff unter Druck gekocht wurde. Für die Papierherstellung konnte von jetzt an auf den Zusatz von Lumpen völlig verzichtet werden und die Rohstoffengpässe gehörten damit endgültig der Vergangenheit an.

Eine weitere Veränderung der Papierherstellung betraf die Leimung, die traditionell mit Knochenleim erfolgte. Erst mit der Leimung wird Papier beschreib- und bedruckbar, ungeleimtes Papier – etwa Toilettenpapier – ist nicht beschreibbar, da die Schrift zerläuft. Das von Moritz Friedrich Illig (1777–1845) entwickelte neue Verfahren ersetzte seit 1806 den Knochen- durch Harzleim.

Holzschliff und Harzleimung führten – verglichen mit herkömmlichem Papier – aber zu erheblichen Qualitätseinbußen.

Diese wurden schon im 19. Jh. festgestellt und bereiten in der Gegenwart Archiven und Bibliotheken größte Probleme. Diese Papiere haben eine stark reduzierte Alterungsbeständigkeit, was sich darin zeigt, dass sie über die Jahre braun und brüchig werden. Ein erheblicher Teil der Papiere aus dem 19. wie auch aus dem 20. Jh. ist deshalb heute entweder bereits stark geschädigt oder zumindest gefährdet. Jahr für Jahr geht deshalb, wenn keine geeigneten Gegenmaßnahmen ergriffen werden, ein Teil des kulturellen Erbes unwiederbringlich verloren.

Diese qualitative Verschlechterung der Papierqualität ist die eine Seite der Medaille. Die andere aber ist die Tatsache, dass der niedrigere Preis des Maschinenpapiers und damit auch der Bücher, Zeitschriften und vor allem Zeitungen, vielen Menschen erstmals deren Kauf erlaubte. Das maschinell erzeugte Papier war eine zentrale Voraussetzung für den Wandel des Buchs vom Luxusgut zur Massenware, hatten doch bis dahin die Papierkosten die Bücherpreise im Wesentlichen bestimmt. Wissen und Informationen wurden endlich weitaus mehr Menschen zugänglich, was Gesellschaft und Wirtschaft tiefgehend veränderte.

Als Robert seine Papiermaschine baute, tüftelte auf der anderen Seite des Kanals Charles Stanhope (1753–1816) an der Konstruktion einer ersten eisernen Druckerpresse. Mit Stanhopes Presse konnte die Druckleistung erstmals deutlich gesteigert werden. Über viele Jahrzehnte wurden solche eisernen Pressen eingesetzt. Stanhope ersetzte Holz durch Eisen, doch blieb das Druckprinzip unverändert.

Dieses änderte sich erst mit der Schnell- oder Zylinderdruckpresse, die Friedrich Koenig (1774–1833) und Andreas Friedrich Bauer (1783–1860) in Großbritannien entwickelten. Während alle Pressen bis dahin nach dem Prinzip Fläche gegen Fläche arbeiteten, also eine Druckplatte gegen die Druckform gedrückt wurde, so wurde nun die Druckplatte durch einen Zylinder ersetzt. Das Druckprinzip war nun rund gegen flach, da jetzt ein Druckzylinder den notwendigen Druck auf die Druckform ausübte. Die Schnellpressen wurden anfangs ausschließlich durch Dampfkraft angetrieben und führten zu einer wesentlichen Beschleunigung des Druckvorgangs. Erstmals eingesetzt wurde eine Zylinderdruckpresse 1814 für den Druck der *Times*. Die Produktion konnte in der Stunde auf 1100 Bogen gesteigert und damit fast verfünffacht werden. Im Verlauf der kommenden Jahrzehnte wuchs das Produktionsvolumen weiter und erreichte um die Mitte des 19. Jhs. schon 10 000 Bogen pro Stunde. Immer vorausgesetzt, dass die Maschinen störungsfrei arbeiteten, was aber oft nicht der Fall war. Neben den dampfgetriebenen Schnellpressen gab es deshalb seit den 1820er Jahren auch mittels einer Handkurbel angetriebene Modelle. Im einen wie im anderen Fall wurden die durch die Schnellpressen ausgelösten Rationalisierungseffekte durch die Möglichkeit gesteigert, die Buchdrucker durch angelernte Kräfte zu ersetzen, was wiederum bei den Buchdruckern zu heftigen Protesten führte.

Zu Beginn wurden ausschließlich Zeitungen auf der Schnellpresse gedruckt, seit 1823 mit den *Berlinischen Nachrichten von Staats- und gelehrten Sachen* auch erstmals in Deutschland. Beim Einsatz neuer Technologien ging der Zeitungsdruck immer voraus, da die Kundschaft drucktechnische Mängel bei Zeitungen eher tolerierte als bei Büchern und die Zeitungsverleger meist auch über die größeren finanziellen Mittel zur Anschaffung der teuren Maschinen verfügten. Die ersten Bücher wurden in Deutschland 1827 auf der Schnellpresse gedruckt: die siebte Auflage der von Brockhaus verlegten *Real-Encyclopädie* und die im Verlag des Stuttgarter Verlegers Johann Friedrich Cotta (1764–1832) erschienene Ausgabe letzter Hand der Werke Goethes. Geliefert wurden die Schnellpressen von dem bis heute existierenden Unternehmen Koenig & Bauer, das die beiden aus Großbritannien zurückgekehrten Erfinder 1817 nahe Würzburg gegründet hatten. Die Schnellpresse wurde in den folgenden Jahrzehnten laufend verbessert und ihre Leistung immer weiter gesteigert.

Mit der Entwicklung seiner Rollenrotationsmaschine gelang 1865 dem Amerikaner William Bullock (1813–1867) ein weiterer technischer Durchbruch. Anders als bei der Schnellpresse, bei der einzelne Papierbogen zugeführt wurden, kam das Papier nun von der Rolle. Dafür war allerdings die Voraussetzung, dass mit Hilfe der Stereotypie aus dem planen Handsatz geeignete runde Druckformen hergestellt werden konnten, da bei diesen Maschinen entsprechend dem Druckprinzip «rund gegen rund» mit zwei Zylindern gearbeitet wird und deshalb runde Druckformen eingesetzt werden müssen. Mit den Rotationsdruckmaschinen, die in den kommenden Jahrzehnten vorrangig im Zeitungsdruck eingesetzt wurden, konnte die Produktionskapazität bis zur Jahrhundertwende auf 50000 Seiten pro Stunde erhöht werden. Der Einsatz beim Druck von Büchern kam nur bei sehr hohen Auflagen in Frage, so erstmals 1875 für *Meyers Konversationslexikon*. Die Anschaffung dampfgetriebener Schnell- oder gar Rotationspressen war den großen, finanzstarken Druckereien vorbehalten. Die kleineren Betriebe aber mussten, bis preisgünstigere Modelle auf den Markt kamen, schon allein aus Kostengründen auch weiterhin ausschließlich mit den traditionellen, nun aber meist eisernen Handpressen arbeiten.

Die zunehmende Beschleunigung des Druckens führte jedoch dazu, dass immer mehr Setzer benötigt wurden, um die Druckmaschinen auch tatsächlich auslasten zu können. Auf einen Drucker kamen jetzt sechs Setzer und dabei waren diese zugleich die teuersten Mitarbeiter einer Druckerei. Es war deshalb im Bereich der Setzerei ein wachsender Innovationsdruck vorhanden. Wie an der Verbesserung der Papierherstellung und der Entwicklung leistungsfähiger Druckmaschinen wurde deshalb auch an der Mechanisierung des Setzens gearbeitet. Zwar wurden international zahlreiche Setzmaschinen entwickelt, doch waren sie in der Handhabung kompliziert und führten nicht zu den erhofften Verbesserungen. Mark Twain, ehemaliger Buchdrucker und erfolgreicher Schriftsteller, verlor sein Vermögen mit der Investition in eine dieser letztlich gescheiterten Setzmaschinen.

Der Durchbruch gelang erst Ottmar Mergenthaler (1854–1899), der in den USA bis 1886 mit der Linotype eine Gieß- und Setzmaschine entwickelte, die die seit Gutenberg getrennten Arbeitsvorgänge des Schriftgusses und des Setzens miteinander verband. Der Setzer arbeitete bei der Linotype mit einer Tastatur, die die Matrizen der benötigten Buchstaben aneinanderreihte. War eine Zeile abgeschlossen, wurde sie mit flüssigem Blei ausgegossen und die Matrizen gingen danach wieder in das Matrizenlager zurück. So konnte der Setzer Zeile für Zeile eines Textes maschinell setzen, weshalb die Maschine als Linotype – Zeilensetzmaschine – bezeichnet wurde. Der Setzvorgang konnte damit wesentlich beschleunigt werden, von rund 1500 auf 6000 Zeichen in der Stunde.

Mit der Einführung der Linotype-Maschinen – in Deutschland seit 1895 – veränderte sich die Arbeit in den Zeitungsdruckereien, während ansonsten noch herkömmlich gesetzt wurde, da mit der Linotype gesetzte Texte nur schwer zu korrigieren waren. Den anspruchsvolleren maschinellen Satz von Büchern ermöglichte dann jedoch die von dem US-Amerikaner Tolbert Lanston (1844–1913) bis 1897 entwickelte Einzelbuchstabensetz- und Gießmaschine. Auch hier arbeitete der Setzer an einer Tastatur, wobei aber nicht ganze Zeilen, sondern mit Hilfe einer Steuerung durch Lochstreifen einzelne Lettern gegossen werden konnten. Diese Maschine erhielt, weil einzelne Lettern ausgegossen wurden, den Namen Monotype und hatte den großen Vorteil, dass der gegossene Satz durch das Auswechseln einzelner Lettern leicht zu korrigieren war. Damit stand dem Einsatz von Setzmaschinen bei der Produktion von Büchern und Zeitschriften nichts mehr entgegen.

Mit der Verwendung von Setzmaschinen veränderte sich der Beruf des Setzers grundlegend: Neben die weiter traditionell arbeitenden Handsetzer traten gegen Ende des 19. Jhs. die Maschinensetzer. Der befürchtete Verlust von Arbeitsplätzen sollte jedoch nicht eintreten, da die Menge der Druckerzeugnisse weiterwuchs. Die Setzmaschinen hatten für die Setzer den großen Vorteil, dass sie mit Blei nun nicht mehr ständig in direkte Berührung kamen. Damit aber verlor die Bleikrankheit, die im Druckgewerbe gefährlichste Berufskrankheit, allmählich ihre Schrecken.

Mit dem technischen Wandel ging eine tiefgreifende Veränderung der Produktionsstrukturen einher. Auf der einen Seite wuchs die Zahl der kleinen, meist ohne oder mit wenig Maschineneinsatz arbeitenden Druckereien noch weiter. Auf der anderen Seite entstanden vermehrt große Betriebe mit mehr als hundert Mitarbeitern. Diese konnten früher nicht für möglich gehaltene, billige Massenauflagen auf den Markt werfen. Es handelte sich bei diesen Großbetrieben um richtiggehende Buchfabriken (vgl. hinterer Vorsatz), die in der Lage waren, Auflagen von vielen zehntausend Exemplaren zu produzieren. So betrieben einige, vorrangig in Leipzig ansässige Verlage selbst große Druckereien und Buchbindereien. Ein prominentes Beispiel dafür ist der 1805 gegründete Verlag F. A. Brockhaus, der vor allem mit seinen Konversationslexika und weiteren Nachschlagewerken bekannt wurde. Die 1809 erschienene, noch ganz traditionell hergestellte sechsbändige erste Auflage des *Conversations-Lexikon* kam in 2000 Exemplaren auf den Markt, die fünfte Auflage (1819/20) in zehn Bänden dann schon in 32000 und die elfte Auflage (1864/68) schließlich mit fünfzehn Bänden in 300000 Exemplaren. Die Produktion derartiger Auflagen lag weit jenseits der Möglichkeiten der noch handwerklich arbeitenden Druckbetriebe.

Der technische Wandel und die aus den wachsenden Auflagen resultierenden Kostensenkungen führten dazu, dass die Buchpreise relativ zum Einkommen sanken. Und damit konnten sich mehr Menschen als früher Bücher leisten, was wiederum die Nachfrage erhöhte. Aus einem Luxusgut, das das Buch bis um 1800 war, wurde so in wenigen Jahrzehnten immer mehr ein Konsumgut.

Neue Illustrationstechniken. Bücher wurden in der Frühen Neuzeit mit Holzschnitten, Kupferstichen und Radierungen illustriert. Diese Verfahren wurden im 19. Jh. durch eine Vielzahl neuer Techniken, die sich für die steigenden Auflagenzahlen besser eigneten, verdrängt, wodurch die Bücher dann auch ihren Charakter veränderten.

Seit 1798 wurde von Alois Senefelder (1771–1834) in München die Lithografie entwickelt. Es wird dabei eine Zeichnung mit Fettkreide oder Tusche auf einen geglätteten Kalkstein – am besten eignet sich dafür Solnhofer Plattenkalk – aufgebracht. Anschließend wird die Oberfläche mit einer ätzenden Flüssig-

keit behandelt, die dort in den Stein eindringt, wo keine Fettkreide oder Tusche aufgetragen wurde. Wird danach die Dru-
ckerschwärze auf den Stein aufgetragen, so bleibt diese nur an
den mit Fettkreide oder Tusche gezeichneten Stellen haften, wo-
hingegen die ätzende Flüssigkeit die Druckerfarbe abstößt. Die
Lithografie beruht letztlich auf dem Prinzip der wechselseitigen
Abstoßung von Fett und Wasser. Da druckende und nichtdruck-
ende Teile, anders als bei Holzschnitt oder Kupferstich, in einer
Ebene liegen stellt die Lithografie ein sogenanntes Flachdruckverfahren dar. Es wurde zuerst für den Druck von Musiknoten
und dann auch von Illustrationen genutzt. Schon um 1810 erschienen mit Lithografien illustrierte Werke zu Medizin, Naturwissenschaften und Technik.

Mit der Weiterentwicklung zur sogenannten Chromo- oder
Farblithografie eröffnete sich dann seit den 1830er Jahren die
Möglichkeit, auch farbig zu drucken. An die Stelle der aufwändigen und damit teuren Handkolorierung trat jetzt der Farbdruck. Auch in hoher Auflagenzahl produzierte Werke – etwa
Nachschlagewerke oder Schulatlanten – enthielten nun zunehmend farbige Illustrationen. Für die nächsten hundert Jahre be-
herrschte dieses Verfahren den Farbdruck.

Die am häufigsten für die Buchillustration angewandte Technik war jedoch der Holzstich. Dieser war schon in den 1770er
Jahren von dem Briten Thomas Bewick (1753–1828) erfunden
worden und wurde seit Anfang der 1830er Jahre verstärkt für
die Illustration von Büchern verwendet. Er darf nicht mit dem
gröberen Holzschnitt verwechselt werden und erlaubt eine dem
Kupferstich vergleichbare Abbildungsqualität. Der Holzstich
ermöglicht, anders als der Holzschnitt, sehr detailreiche, feine
Abbildungen, da er in das festere, sogenannte Hirnholz – das
quer zur Faserrichtung geschnittene Holz – gearbeitet wird. Da
es sich um ein Hochdruckverfahren handelt, war die Anwendung für die Buchillustration naheliegend. Zudem war er in der
Herstellung günstig und wurde deshalb auch häufig für die Be-
bilderung von Zeitschriften und Zeitungen verwendet.

Holzstiche wurden in der zweiten Jahrhunderthälfte nicht
selten nach Fotovorlagen gearbeitet. Die Fotografie gab es seit

1839, doch war die drucktechnische Fotowiedergabe bis in die 1860er Jahre nicht möglich. Mit dem Lichtdruck und der Heliogravüre wurden erste Wiedergabeverfahren entwickelt, doch waren diese nur für Drucke in geringer Auflagenhöhe geeignet. Erst mit dem von Georg Meisenbach (1841–1912) zu Beginn der 1880er Jahre entwickelten Rasterverfahren, der Autotypie, wurde die Wiedergabe von Fotografien auch bei hohen Auflagen möglich. Gegen Jahrhundertende wurden Bücher und auch Zeitschriften deshalb immer häufiger mit Fotografien illustriert. Der Holzstich verlor dagegen seit den 1890er Jahren allmählich an Bedeutung, konnte sich aber bis nach dem Ersten Weltkrieg halten.

Die Verwendung von Lithografien, Holzstichen und schließlich Fotografien veränderten das Buch grundlegend. Bücher enthielten nun wesentlich mehr Abbildungen und erlaubten über den visuellen Zugang auch ein anderes Verständnis der dargestellten Inhalte, was nicht nur für Werke zu Medizin, Naturwissenschaften und Technik einen entscheidenden Fortschritt darstellte. Der Ausbau des Bildungswesens führte zu einem stark steigenden Bedarf an illustrierten Lehrbüchern. Aber auch die unterhaltende Literatur profitierte von den neuen Illustrationstechniken. Anders als heute wurden Romane oft reichhaltig illustriert, ein Beispiel dafür sind die, auch heute immer wieder nachgedruckten Holzstiche von Édouard Riou zu Werken Jules Vernes.

Neben zahllosen heute vergessenen Illustratoren schufen auch nicht wenige namhafte Künstler Buchillustrationen. Die Lithografien von Eugène Delacroix (1798–1863) und die Holzstiche von Gustave Doré (1832–1883) wurden über Frankreich hinaus bekannt. Der bedeutendste deutsche Buchillustrator war Adolph von Menzel (1815–1905), der literarische ebenso wie historische Werke mit Holzstichen illustrierte.

Buchbindefabriken. Auch das Äußere der Bücher, also der Einband, wandelte sich grundlegend. Wie schon Papierherstellung, Drucken und Setzen veränderte der Einsatz von Maschinen auch das Binden. Bücher waren bis dahin entsprechend den finanziellen Möglichkeiten und dem Geschmack der Käufer von einem Buchbinder gebunden worden. Das nachträgliche Binden der losen Bögen war bis zur Jahrhundertmitte das Übliche, dagegen war der Verkauf bereits gebundener Bücher die Ausnahme. Nicht zuletzt hinderte das Gewerberecht die Verlage in einigen Ländern daran, die Bücher in eigenen Betrieben binden zu lassen.

Ab der Jahrhundertmitte wurde eine Vielzahl von Maschinen entwickelt, die die Fertigung von Einbanddecken in Serienproduktion erlaubten. Dabei wurden die traditionellen Einbandmaterialien Leder und Pergament durch Leinen- und Baumwollgewebe ersetzt. Der Buchblock wurde nun in die Einbanddecken nur noch eingeklebt, was gegenüber dem Handeinband, der traditionellen Form des Bindens, eine qualitative Verschlechterung darstellte. Die Großbuchbindereien, die an die Stelle der traditionellen Buchbinderbetriebe traten, waren aber letztlich die einzige Möglichkeit, die immens wachsende Menge an Büchern auch zu binden.

Die Käufer mussten die Bücher also nicht mehr länger binden lassen, sondern konnten sie fix und fertig in der Buchhandlung erwerben. Der industriell hergestellte Maschinen- oder Verlegereinband gab den Büchern das heute so selbstverständliche einheitliche Aussehen. Die Verlage erkannten bald die in der Einbandgestaltung liegenden Möglichkeiten für das Marketing und die Markenbildung. Deren Bedeutung nahm mit der durch die industrielle Produktion steigenden Zahl der Bücher stetig zu.

Industrieproduktion und Buchkunstbewegung. Die fortschreitende Industrialisierung der Buchherstellung hat das Aussehen der Bücher grundlegend verändert. Die handwerkliche Herstellung gehörte mehr und mehr der Vergangenheit an und damit auch die Qualität, mit der Bücher noch zu Jahrhundertbeginn gefertigt worden waren. Die Einführung der neuen Technologien ließ die ästhetischen Ansprüche in den Hintergrund treten. Oft alterte das Maschinenpapier schnell und die Seiten verfärbten sich schon nach wenigen Jahren merklich. Metallklammern ersetzten nicht selten die traditionelle Fadenheftung, so dass Bücher nun sogar Rostflecken bekommen konnten. Ebenso litten die typografische Gestaltung und die Ausführung vieler Illustrationen unter den technischen und wirtschaftlichen Zwängen der Massenproduktion. Und auch die Gestaltung der Maschineneinbände befriedigte die Ansprüche von Bücherfreunden nur selten.

Dies löste in der zweiten Jahrhunderthälfte eine erste, an älteren Vorbildern orientierte Gegenbewegung aus. Vor allem die Renaissance lieferte der Buchgestaltung eine Fülle von Anregungen. Ähnlich wie in der Architektur gab es auch in der Buchkunst einen historistischen Stil. Die so gestalteten Bücher wirken aus heutiger Sicht oft protzig und überladen, sie ahmten die Drucke des 15. und 16. Jhs. nach und sollten den Eindruck handwerklicher Fertigung erwecken. Vermögende Zeitgenossen konnten sich mit dem Kauf dieser «Prachtausgaben», die nicht selten mehr kosteten als Normalbürger im Monat verdienten, sozial abgrenzen und ihre Repräsentationsbedürfnisse stillen.

Eine nachhaltige Erneuerung der Buchkunst ging aber erst von der «Arts and Crafts»-Bewegung in Großbritannien aus, die eine Reaktion auf den durch die Industrialisierung ausgelösten Niedergang der hochwertigeren handwerklichen Fertigung darstellte. Themen waren die Architektur, ebenso wie das Kunsthandwerk einschließlich der Buchkunst. William Morris (1834–1896), der Initiator dieser Reformbewegung, gründete zur Erneuerung der Buchkunst 1891 in einem Londoner Vorort die Kelmscott Press. Deren Drucke orientierten sich am Vorbild mittelalterlicher Handschriften und Inkunabeln. Text, Schrift, Illustration, Druck, Papier und Einband sollten eine künstlerische Einheit bilden. Mit den Büchern der Kelmscott Press und der wenig später gegründeten Doves Press konnte tatsächlich eine grundlegende Erneuerung der Buchkunst eingeleitet werden. Diese Erneuerungsbewegung sprang nach Deutschland über und fiel hier mit den Anfängen des Jugendstils zusammen. Das englische Vorbild prägte die in Deutschland entstehende Buchkunstbewegung in vielfältiger Weise und führte zum einen zur Gründung verschiedener Privatpressen,

die künstlerisch aufwändig gestaltete Bücher in niedrigen Auf-
lagen herstellten, und zum anderen zur Wiederbelebung der
Buchkunst in Häusern wie dem S. Fischer Verlag oder dem Insel
Verlag.

Wachsende Bücherflut.   Das billigere Papier und der technische
Wandel in der Druck- und Setztechnik führten im 19. Jh. zu
einer Vervielfachung sowohl der neu erscheinenden Titel als
auch der Auflagenhöhen. Dies war in allen europäischen Ländern und Nordamerika ähnlich, wobei die Entwicklung im Einzelnen freilich durch die politischen und wirtschaftlichen Rahmenbedingungen entscheidend beeinflusst wurde.

1805 wurden auf der Leipziger Messe insgesamt etwas über
4000 deutsche Neuerscheinungen angeboten. Eine für die Zeitgenossen sicherlich beeindruckende Größe, hatte sich doch
diese Zahl seit 1770 schon mehr als verdoppelt. Dieses Wachstum beschleunigte sich ab Mitte der 1820er Jahre dann jedoch
nochmals deutlich. Während der ersten Jahrhunderthälfte lag
der Höhepunkt mit über 14000 Neuerscheinungen im Jahr
1843. Dieser ersten Wachstumsphase folgte dann eine bis in die
1870er Jahre anhaltende Stagnation, die um 1880 von einer
erneuten Periode starken Wachstums abgelöst wurde, die die
Titelzahl bis zum Jahrhundertende auf rund 25000 jährliche
Neuerscheinungen allein in Deutschland ansteigen ließ. Innerhalb von hundert Jahren hat sich damit die Zahl der jährlichen
Novitäten auf dem deutschen Buchmarkt in etwa versieben-
facht. Die gesamte deutsche Buchproduktion lag im 19. Jh. bei
gut einer Million Titeln.

Leipzig war seit dem 17. Jh. Treffpunkt der Verleger und
Buchhändler und der Mittelpunkt des deutschen und internationalen Buchhandels. Selbst aus Nord- und Südamerika kamen
schon im frühen 19. Jh. Händler an die Pleiße. Leipzig war die
unbestrittene Buchhauptstadt Deutschlands, doch holte schließlich, zumindest was die Zahl der verlegten Titel betrifft, Berlin
in der zweiten Jahrhunderthälfte die Messestadt ein. Über 40 %
aller in Deutschland verlegten Bücher erschienen nach 1870 in
den beiden Städten. Während München und vor allem Stuttgart

als Verlagsstandorte ebenfalls an Bedeutung gewannen, fielen alte Zentren wie Göttingen, Halle oder Jena zurück.

1825 gründeten Verleger und Buchhändler zur Vertretung ihrer Interessen in Leipzig den «Börsenverein der Deutschen Buchhändler», der heute als der älteste Branchenverband überhaupt gilt. Der Kampf gegen die Zensur und der Schutz der Urheberrechte zählten zu seinen zentralen Anliegen.

Massiv verstärkt hatte sich die Zensur, die seit dem Beginn des Buchdrucks immer eine große Rolle gespielt hatte, mit den nach der Ermordung des Schriftstellers August von Kotzebue auf Betreiben des österreichischen Ministers Klemens von Metternich 1819 gefassten Karlsbader Beschlüssen. Eine der Aufgaben der Bundeszentralbehörde mit Sitz in Frankfurt a. M. war es, die Veröffentlichung revolutionärer Schriften zu verhindern. Die gescheiterte Revolution von 1848 führte zwar zur Abschaffung der vor dem Druck durchgeführten sogenannten Vorzensur, doch wurde sie durch die Nachzensur ersetzt, die Autoren, Verleger und Drucker mit den Mitteln des Strafrechts einschränkte. Anders als in Deutschland setzte man in Frankreich bis 1881 auf die Überwachung der Buchhändler, die ihr Gewerbe nur mit Erlaubnis der Obrigkeit ausüben durften und beim Verkauf unerwünschter Publikationen mit dem Entzug ihres «brevet» rechnen mussten.

Der Schutz ihrer Rechte – das zweite große Thema des Börsenvereins – trieb Autoren, Verleger und Drucker ebenfalls seit vielen Jahrhunderten um. Der unerlaubte Nachdruck begleitet die Geschichte des gedruckten Buchs von seinen Anfängen bis ins 19. Jh. Die Druckprivilegien der verschiedenen Landesherren blieben meist folgenlos. Es gab manche Drucker, die den unerlaubten Nachdruck der Bücher ihrer Kollegen sogar zu ihrem vorrangigen Geschäftsmodell machten. So hat der Wiener Johann Thomas von Trattner (1719–1798) mit Wissen und Unterstützung seiner Regierung in großem Stil nachgedruckt, wogegen auch Goethe und Schiller machtlos waren. Die territoriale Zersplitterung des Alten Reiches spielte aufgrund der daraus resultierenden Unübersichtlichkeit den Nachdruckern in die Hände. Dagegen besaßen in Großbritannien und Frankreich Autoren schon weitgehende Schutzrechte und konnten aufgrund dessen auch höhere Einnahmen erzielen. Das erste britische Copyright-Gesetz war bereits 1710 in Kraft getreten, 1793 folgte die Regelung der Verlags- und Autorenrechte in Frankreich.

Auch den Wiener Kongress beschäftigte 1814/15 das Urheberrecht, ohne jedoch letztlich zu einer allgemeinen Regelung zu kommen. Erst 1837 wurde für den Deutschen Bund ein einheitliches Urheberrecht beschlossen, das Autoren den Schutz ihrer Rechte bis 30 Jahre nach ihrem Tod sicherte. Diese Schutzfrist sollte dann 1934 auf 50 und 1965 auf 70 Jahre verlängert werden. Auch in vielen anderen Staaten gilt in der Gegenwart diese 70-Jahre-Regelung. Schließlich wurde 1886 auf Betreiben des kurz zuvor verstorbenen französischen Schriftstellers Victor Hugo (1802–1885) mit der Berner Übereinkunft auch ein internationales Abkommen geschlossen, das die gegenseitige Anerkennung der nationalen Urheberrechte sicherte. Damit war endlich das Werk eines Autors auch im Ausland geschützt und er konnte im Falle der Übersetzung die ihm zustehenden Zahlungen durchsetzen.

Selbstverständlich aber beschäftigten nicht zuletzt auch interne Probleme den Börsenverein, so etwa die zentrale Frage der Preisgestaltung. Aufgrund der wachsenden Zahl von Buchhandlungen tobte ein heftiger Preiskampf, in dem sich die Buchhandlungen gegenseitig zu unterbieten versuchten. Hier gelang mit der sogenannten Krönerschen Reform 1887 der Durchbruch und die Festlegung auf einen festen Ladenpreis, der seitdem in Deutschland üblich ist. Die Buchpreisbindung war zu Beginn eine Regelung auf Vereinsebene und wurde erst 1958 Gesetz. Während es heute zu Fragen des Urheberrechts eine Vielzahl internationaler Vereinbarungen gibt, hat sich die Buchpreisbindung zwar in vielen kontinentaleuropäischen Ländern durchgesetzt nicht jedoch in Skandinavien und dem angelsächsischen Raum.

Die wachsende Rechtssicherheit war eine entscheidende Voraussetzung für die Ausdifferenzierung und das Wachstum des Verlagswesens. Es ist für das 19. Jh. kennzeichnend, dass Universalverlage sich häufig zu Fachverlagen oder auf Belle-

tristik ausgerichteten Literaturverlagen wandelten. Duncker &
Humblot für die Geschichts- und Staatswissenschaften,
C.H.Beck für die Rechtswissenschaften und Wilhelm Ernst &
Sohn für die Ingenieurwissenschaften sind prominente Beispiele
für diese Spezialisierung des Verlegens wissenschaftlicher Lite-
ratur.

Die Ausweitung der Buchproduktion wie die zunehmende
Spezialisierung in den Wissenschaften förderten diese Entwicklung. Es war nicht länger möglich, alle Fachgebiete gleichermaßen im Blick zu haben, sondern man musste sich spezialisieren,
um einerseits geeignete Autoren zu gewinnen und andererseits
die Absatzchancen besser einschätzen zu können. So wuchs, um
ein Beispiel zu nennen, mit der Industrialisierung, dem technischen Wandel und dem Ausbau des technischen Bildungswesens
das Angebot an technischer Fachliteratur massiv an. Allein zwischen 1851 und 1879 vervierfachten sich die ingenieurwissen-
schaftlichen Bücher, die auf den Markt kamen.

Über das Jahrhundert nahmen auf allen Gebieten die Veröffentlichungen stark zu, doch verschoben sich die jeweiligen
Anteile an der Gesamtproduktion zum Teil erheblich. Mit der
Möglichkeit Bücher wesentlich billiger zu produzieren, gewann
die Produktion von Schulbüchern erheblich an Bedeutung. Für
eine deutlich größere Zahl von Eltern war der Kauf von Schulbüchern nun finanziell möglich. Das Verlegen von Schulbüchern
wurde damit für die Verlage ein höchst profitables Geschäft, da
sich etwa Lesefibeln über die Jahre inhaltlich kaum veränderten
aber in hohen Auflagen und einer Vielzahl von Ausgaben produziert wurden.

Die Produktion von Schulbüchern schob sich bis zum Jahrhundertende gemeinsam mit der Kinder- und Jugendliteratur an
die erste Stelle der Buchproduktion vor. Einige Titel sind bis
heute bekannt und werden noch immer gerne gelesen. So erschien 1845 erstmals Heinrich Hoffmanns (1809–1894) Kin-
derbuch, das als *Struwwelpeter* berühmt wurde. Bereits 1848
waren über 20000 Exemplare davon verkauft worden und es
kam auch schon die erste englische Übersetzung auf den Markt.
Es sollte bis zu Hoffmanns Tod nicht weniger als 186 Auflagen

mit rund 950000 Exemplaren geben. Auch *Max und Moritz* (1865) von Wilhelm Busch (1832–1908) steht für eine Erfolgsgeschichte mit 56 Auflagen und 430000 verkauften Exemplaren bis 1908 und dies obwohl manche Pädagogen Buschs Geschichten als jugendgefährdend ansahen. Noch größeren Erfolg hatten international Lewis Carroll (1832–1898) mit *Alice in Wonderland* (1865) oder *Le Avventure di Pinocchio* (1881) von Carlo Collodi (1826–1890).

Auch die Kochbuchliteratur hatte schon damals großen Erfolg. Das erfolgreichste deutsche Kochbuch des 19. Jhs. verfasste Henriette Davidis (1801–1876). Ihr *Praktisches Kochbuch* erschien erstmals 1845 und war so erfolgreich, dass die Autorin schon 1848 von ihren Honorareinkünften leben konnte. Für den Bielefelder Verlag Velhagen & Klasing war dieses Kochbuch für Jahrzehnte ein Best- und Longseller, hatte doch allein die letzte zu Davidis' Lebenszeit erschienene Auflage eine Höhe von 40000 Exemplaren. Eine Reihe von Autorinnen und deren Verlage versuchten mehr oder weniger erfolgreich diesem Beispiel zu folgen.

Von gleichbleibender Bedeutung war über das gesamte 19. Jh. die schöne Literatur. So wuchs vor allem die Zahl der Romane, die auf den Markt kamen, mehr oder weniger kontinuierlich an. Unterhaltende wie anspruchsvolle Literatur erschien nun häufig in preiswerten Reihen, eine Publikationsform, die als solche mit der Industrialisierung des Buchgewerbes neu entstand. Seit etwa 1830 brachten zuerst britische Verlage preiswerte Buchreihen heraus, ihnen folgten zwanzig Jahre später französische Häuser. International am erfolgreichsten in diesem Segment aber war ein deutscher Verlag, dessen großer Erfolg zum Vorbild für ähnliche Unternehmungen in anderen Ländern werden sollte. Seit 1867 erscheint im Anton Philipp Reclam Verlag (gegr. 1828) die *Universal-Bibliothek*, die zuerst eine breit angelegte Mischung von deutschen wie fremdsprachigen Klassikern auf den Markt brachte. Schon in den ersten Jahren lagen die Auflagenzahlen einzelner Hefte bei über 10000 Exemplaren. In den ersten 75 Jahren des Bestehens der *Universal-Bibliothek* produzierte Reclam rund 275 Millionen Exemplare seiner Hefte. Die Buchreihe konnte sich über alle Umbrüche des 20. Jhs. behaupten und ist heute die älteste auf dem deutschen Markt.

Es waren preisgünstige Bücher wie die von Reclam, die Bücher im Verlauf des 19. Jhs. für breite Kreise der Bevölkerung zu täglichen Begleitern werden ließen. Dies und die steigende Zahl der Neuerscheinungen veränderten den Buchhandel weitgehend. Anders als früher musste das stetig wachsende, immer weniger überschaubare Angebot auf dem sich entwickelnden Massenmarkt verstärkt mit Anzeigen und Katalogen beworben werden.

Um 1800 gab es Buchhandlungen fast nur in den größeren Städten und sie wurden nur von einem kleinen Teil der Bevölkerung besucht. Die Zahl der Buchhandlungen hat dann aber in der zweiten Hälfte des Jahrhunderts deutlich zugenommen. (vgl. Abb. S. 98) Die zunehmende Urbanisierung und der Ausbau des Eisenbahnnetzes waren zusammen mit der rasch voranschreitenden Alphabetisierung die treibenden Faktoren. So gab es in Deutschland, Österreich und der Schweiz 1820 erst 569 Buchhandlungen, 1880 waren es dann allein in Deutschland 3375, darunter viele Kleinbuchhandlungen.

Die Buchhandlungen wurden nicht nur mehr, sie vergrößerten auch vielfach ihre Ladenflächen, um eine möglichst große Auswahl aus der wachsenden Buchproduktion anbieten zu können. Eine auffällige Neuerung war die sich verbreitende Präsentation der Ware in Schaufenstern. Dies wurde möglich als die Glasindustrie ab Mitte des 19. Jhs. größere Glasflächen zu Preisen anbot, die dem Handel ihre Einrichtung erlaubten.

Nicht selten betrieben Buchhändler neben ihrer Buchhandlung seit dem ausgehenden 18. Jh. auch Leihbüchereien. Sie erkannten damit einen Bedarf, der seit Ende des 19. Jhs. dann zunehmend von den kommunalen öffentlichen Bibliotheken abgedeckt werden sollte. Während diese Literatur meist kostenlos verliehen, taten dies die kommerziellen Leihbüchereien selbstverständlich nur gegen eine Leihgebühr. Angeboten wurden vor allem populäre Lesestoffe, weshalb die Leihbüchereien nicht selten Kritik auf sich zogen. Je nach Nachfrage waren beliebte Romane – und das war nicht immer die anspruchsvollste Lek-

Mit der steigenden Buchproduktion wuchsen im 19. Jh. auch Größe
und Zahl der Buchhandlungen.

türe – in einer Vielzahl von Exemplaren vorhanden. Das Angebot einer Leihbücherei umfasste meist einige Tausend
Bände, sehr große Leihbüchereien konnten aber sogar mehr als
100000 Bände in den Regalen haben. Sie wurden von Lesenden
der Mittel- ebenso wie der Oberschicht besucht, während der
ärmeren Hälfte der Bevölkerung auch dafür schlicht die Mittel
fehlten. Die Leihbüchereien, manchmal auch von Nichtbuch-
händlern betrieben, waren in der ersten Jahrhunderthälfte der
wohl am meisten besuchte Treffpunkt der Leser in größeren,
ebenso wie in kleineren Städten.

Neben Buchhandlungen und Leihbüchereien gab es wie in
den Jahrhunderten zuvor auch Hausierer oder Kolporteure,
deren Bedeutung bis zur Jahrhundertmitte sogar noch eher
wuchs. So waren etwa in Frankreich 1848 rund 3000 Kolporteure unterwegs, bis 1870 ging ihre Zahl dann aber auf 500 zurück. Sie versorgten wie überall in Europa die kleinen Leute in

den Städten, vor allem aber die Landbewohner und damit den weitaus größten Teil der Bevölkerung mit den verschiedensten Waren, darunter auch Bücher und Zeitschriften. Für den Transport verwendeten sie verschließbare Holzkästen, die sie auf dem Rücken trugen. Von ihnen wurden Kalender, Kochbücher und Unterhaltendes ebenso angeboten wie religiöse Literatur. Oft wurden sie jedoch auch verdächtigt revolutionäre Schriften zu verbreiten und deshalb entsprechend überwacht.

Ein beliebter Teil ihres Angebots waren die aus Einzellieferungen bestehenden, sogenannten Kolportageromane. So hat der Winnetou-Autor Karl May (1842–1912) seine schriftstellerische Karriere mit Kolportageromanen begonnen, die jeweils in mehr als hundert Einzelheften von den Kolporteuren vertrieben wurden. Die Kunden mussten für die einzelne Lieferung nur wenig bezahlen, doch war das jeweilige Werk letztendlich oft teurer als die im regulären Buchhandel vertriebenen Exemplare. Neben Büchern fanden auch unterhaltende Zeitschriften zu einem großen Teil durch Kolporteure ihren Weg zu den Lesern.

Zeitungen und Zeitschriften. Mit dem 1814 beginnenden Einsatz der Schnellpresse stieg die Auflagenhöhe der Zeitungen schnell an. Um die Jahrhundertmitte gab es schon Auflagen von bis zu 20000 Exemplaren. Diese Zahlen konnten durch den Einsatz der Rollenrotationsmaschine und schließlich des Maschinensatzes nochmals massiv gesteigert werden, so dass in den USA in den 1890er Jahren einzelne Zeitungen bereits in Auflagen von über einer Million Exemplaren erschienen.

Mit dem Ausbau des Eisenbahnnetzes ab den 1840er Jahren weitete sich das zuvor begrenzte Verbreitungsgebiet der einzelnen Zeitungen erheblich aus. Der zugleich erfolgende Aufbau des Telegrafennetzes versorgte die Redaktionen mit Nachrichten in einer Aktualität, die bis dahin undenkbar war.

Auch der Zeitschriftenmarkt wuchs enorm an, und zwar sowohl für unterhaltende wie für wissenschaftliche Periodika. Zeitschriften konnten aufgrund der neuen Technologien ebenfalls ihre Auflagen erhöhen und wandelten durch die Verwendung der neuen Illustrationstechniken, vor allem des Holzstichs, ihr Aussehen. Für viele Leser von Unterhaltungszeitschriften dürften die zahlreichen Illustrationen mindestens genauso wichtig gewesen sein wie die Artikel.

Bedeutung und Zahl der wissenschaftlichen Zeitschriften nahmen deutlich zu. Die Entstehung immer neuer Fächer schlug sich in zahllosen Zeitschriftenneugründungen nieder. Die eigene Zeitschrift wurde zu einem die Selbständigkeit einer Disziplin kennzeichnenden Merkmal. In Medizin und Naturwissenschaften ersetzte die Zeitschrift das Buch sogar zu einem guten Teil. Gerade in diesen sich schnell entwickelnden Fächern dauerte es einfach viel zu lange, die neuesten Erkenntnisse in Buchform zu veröffentlichen. Für die Wissenschaftsverlage wurden Zeitschriften so zu einem zentralen Geschäftsfeld, das ihnen zudem die Gewinnung künftiger Buchautoren erleichterte.

Leseorte.   Die Beleuchtung war bis zu Beginn des 19. Jhs. teuer und nur die finanziell Bessergestellten konnten sich Bienenwachskerzen leisten. Dies schränkte das Lesen am Abend und in den Wintermonaten stark ein, das Vorlesen spielte auch aus diesem Grund eine wichtige Rolle. Die Einführung neuer, wesentlich preiswerterer Technologien verlängerte den Tag und gab vielen Menschen mehr Zeit für individuelle Lektüre jeglicher Art. Petroleumlampen, Gaslampen und schließlich die elektrische Beleuchtung veränderten das Leben und damit auch die Lesegewohnheiten weitgehend. Lesen konnte nun auch für Menschen zu einer Freizeitbeschäftigung werden, die tagsüber dafür keine Zeit hatten. Und auch Bibliotheken, die, um offenes Feuer zu vermeiden, bisher auf Tageslicht angewiesen waren, konnten ihre Öffnungszeiten jetzt verlängern.

Die gehobenen sozialen Schichten verfügten nicht selten über einen beträchtlichen privaten Buchbesitz. Adels- wie Gelehrtenbibliotheken hatten oft einen Umfang von mehreren Tausend Bänden. Für ihre Besitzer waren sie zugleich ein wichtiges Statussymbol. Dagegen beschränkte sich der Buchbesitz in den (klein-) bürgerlichen Schichten zumindest in der ersten Jahrhunderthälfte auf nicht mehr als zehn oder zwanzig Bücher.

Die Bibliotheken spiegeln die Steigerung der Buchproduktion

deutlich wider. Hatten um 1800 die größten Bibliotheken einen Bestand von rund 200000 Bänden, so überschritten hundert Jahre später erste Bibliotheken die Grenze von einer Million Bänden. Gleichzeitig aber mussten sich selbst die größten Bibliotheken eingestehen, dass sie nur noch einen stetig schrumpfenden Anteil der gesamten international erscheinenden Literaturproduktion erwerben konnten. Erst jetzt gewannen Bibliotheken für die Allgemeinheit als Orte des Lesens eine immer größere Bedeutung, öffneten sie sich doch nun immer mehr der Öffentlichkeit. Die Hof- und auch die Universitätsbibliotheken waren bis dahin oft nur eingeschränkt zugänglich gewesen und schafften nun die Zugangsbeschränkungen schrittweise ab. Die Bibliotheken wurden aber nicht nur größer, sie wurden auch immer mehr und differenzierten sich fachlich immer stärker aus. So entstand als neuer Bibliothekstyp zuerst in den angelsächsischen Ländern die kommunale Bibliothek, die allen einen Zugang zum Buch ermöglichen sollte und die Existenz der kommerziellen Leihbibliotheken gefährdete.

Mit der Eisenbahn entstand ein völlig neuer Ort der Lektüre. Während das Reisen in einer Kutsche für das Lesen wenig geeignet war, boten sich Bahnreisen, nachdem die ärgsten Beeinträchtigungen durch Lärm und Ruß überwunden waren, seit etwa der Jahrhundertmitte als Zeiten für oft stundenlange Lektüre an. Allerdings war das Bücherlesen im Zug bei Medizinern anfangs nicht unumstritten, hatten doch manche Ärzte die Befürchtung, dass das Lesen in den ruckelnden Zügen zu Geisteskrankheiten führen könne. Um das Lesen bei der Reise zu erleichtern, erschienen deshalb kleinformatige und preiswerte Bücher in Reihen wie der *Brockhaus' Reise-Bibliothek für Eisenbahnen und Dampfschiffe* deshalb in Großschrift. Mit den Bahnhofsbuchhandlungen entwickelte sich ein neuer Verkaufsort für Publikationen aller Art. 1848 wurde in London die erste Buchhandlung dieser Art eröffnet, 1852 folgte in Paris die erste auf dem Kontinent. Diese Geschäfte boten gleichermaßen Bücher, Zeitschriften und Zeitungen an und sind auch Ausdruck der mit der Eisenbahn zunehmenden Mobilität. Hachette, heute einer der weltweit führenden Verlage, betrieb in Frankreich schon 1864 über 60 und am Ende des Jahrhunderts nicht weniger als 1200 Bahnhofsbuchhandlungen.

Verdrängung der außereuropäischen Buchformen. Mit der weltweiten Ausweitung des europäischen Einflusses wurden auch außerhalb Europas zunehmend die traditionellen Formen der Buchproduktion durch westliche Technologien verdrängt. Davon war die islamische Welt ebenso wie Indien und Ostasien betroffen.

Das seit 1485 im Osmanischen Reich geltende Verbot des Buchdrucks war im frühen 18. Jh. erstmals für wenige Jahre gelockert worden. Doch konnte sich erst nach 1800 das Drucken dauerhaft im Osmanischen Reich und auch im Iran durchsetzen. Druckereien wurden vor allem in Istanbul und Kairo eingerichtet, die nun nicht zuletzt die in nur wenigen Handschriften überlieferten Werke der frühislamischen Literatur druckten.

Anders als der Buchdruck wurde die Lithografie in den islamischen Ländern schon bald nach ihrer Erfindung genutzt. Die Ursachen dafür waren zum einen die verglichen mit dem Buchdruck geringeren Kosten und zum anderen die Möglichkeit, die traditionell sehr geschätzte Kalligrafie widerzugeben. Im Gegensatz zu Europa, wo die Lithografie vorrangig Illustrationszwecken diente, konkurrierte sie in den islamischen Ländern mit dem Buchdruck. Eine Rolle spielte dabei, dass ein Buchstabe in der arabischen Schrift, je nachdem ob er in einem Wort am Anfang, in der Mitte, am Ende oder isoliert steht, unterschiedlich geschrieben wird. Für den Letterndruck werden deshalb über 100 Zeichen benötigt und entsprechend teuer war der Typenvorrat des Druckers. Während der ersten Jahrhunderthälfte übertraf die Lithografie den Buchdruck deshalb an Bedeutung: In Teheran gab es um 1850 fünf lithografische Druckerpressen. Da die Lithografie einem Kalligrafen die Gestaltung der Schrift erlaubte, war es möglich, sie auch für die Vervielfältigung des Koran und anderer religiöser Schriften zu nutzen. Gebetbücher und der Koran wurden nun ebenfalls immer öfter im Druck hergestellt. Mit der Durchsetzung von Buchdruck und Lithografie ging auch in der islamisch geprägten Welt die Zeit der Hand-

schriften endgültig zu Ende und die Tradition der handgeschrie-
benen Gebetbücher und Korane gehörte so um 1900 weitestgehend der Vergangenheit an.

Schon 1556 gab es im südindischen Goa eine erste Druckerei,
der im 18. Jh. an der Ostküste Indiens und auf Sri Lanka einige weitere von Missionaren in europäischen Niederlassungen
betriebene Pressen folgten. Von größerer Bedeutung als der
Buchdruck aber blieben in Indien bis zur Kolonisierung durch
die Briten – wie übrigens auch in Südostasien – Palmblatthand-
schriften. Aus einem Palmblatt wurden schmale, längliche Blätter geschnitten, in die mit einem spitzen Metallgriffel die Schriftzeichen eingeritzt und danach zur Verbesserung der Lesbarkeit
mit Tinte eingefärbt wurden. Nach dem Beschreiben und der
Ausstattung mit Illustrationen wurden sie, von Schnüren zu-
sammengehalten, zwischen Holzdeckeln aufbewahrt. Palmblatt-
handschriften hatten allerdings den Nachteil, dass sie unter den
klimatischen Bedingungen Indiens wenig haltbar waren und so
immer wieder neu abgeschrieben werden mussten. Der Buchdruck konnte deshalb seit Beginn des 19. Jhs. die Palmblatt-
handschriften schnell verdrängen. Ältere Palmblatthandschrif-
ten blieben in größerer Zahl nur im kühleren Klima Nepals
erhalten.

Das chinesische Buch war bis weit in die zweite Hälfte des
19. Jhs. durch das Nebeneinander von Handschriften, Holz-
tafeldrucken und traditionellem chinesischem Letterndruck gekennzeichnet. Den größten Anteil hatten traditionell die Handschriften, da deren kalligrafische Gestaltung von erheblicher
kultureller Bedeutung war. Dies veränderte sich, als zuerst der
westliche Buchdruck und dann 1879 auch die Lithografie durch
christliche Missionare eingeführt wurden. Wie in der islamischen Welt bot die Lithografie die Möglichkeit, die kalligrafi-
schen Traditionen zu pflegen, wie auch mit der immensen Zahl
von Schriftzeichen umzugehen.

Nach westlichen Druckverfahren arbeitende Betriebe entstanden nach dem Ersten Opiumkrieg (1839–1842) in den
europäischen Kolonien Macao und Hongkong und dann auch
in anderen chinesischen Städten. Die Verwendung des Bleisatzes

wie auch der Lithografie intensivierte sich dann nach dem Zweiten Opiumkrieg (1856–1860) deutlich. Der Ire William Gamble (1830–1886) entwickelte um 1860 ein auf der Galvanoplastik beruhendes Abformverfahren zur Herstellung der Schriftzeichen wie auch einen Setzkasten, in dem die 5000 wichtigsten Schriftzeichen nach ihrer Verwendungshäufigkeit angeordnet waren und beseitigte damit wesentliche Hindernisse für die Durchsetzung der westlichen Druckverfahren. Vielerorts entstanden nun Druckereien und damit stiegen die Auflagenzahlen der Bücher erheblich an. Gleichzeitig kamen auch die ersten Tageszeitungen auf den Markt. Der traditionelle chinesische Blockdruck, das in China jahrhundertelang übliche Druckverfahren, wurde dagegen allmählich immer weiter zurückgedrängt.

Das Buch im Zwanzigsten Jahrhundert: Vernichtung und Massenproduktion

Der Zeitraum zwischen dem Ausbruch des Ersten Weltkriegs 1914 und dem Ende des Kalten Krieges 1990 wird in der Geschichtswissenschaft häufig als das kurze 20. Jahrhundert bezeichnet. Diese Eckdaten haben in der Geschichte des Buches ebenfalls ihre Bedeutung. 1914 endet eine lange Aufwärtsentwicklung in der Buchproduktion. Die folgenden Jahrzehnte sind von oft schwierigen politischen und wirtschaftlichen Rahmenbedingungen ebenso geprägt wie von der Zerstörung von Bibliotheken und Büchern wie auch Zensurmaßnahmen. Am Ende dieser Epoche aber steht die Entwicklung des World Wide Web, das schon bald einen tiefgreifenden Wandel auslösen sollte.

Brennende Bücher. Es erschienen im 20. Jahrhundert mehr Bücher als in allen Jahrhunderten davor zusammen. Das 20. Jahrhundert ist aber auch mehr als je zuvor eine Zeit der Zerstörung von Büchern und Bibliotheken. Bücher waren seit jeher Ausdruck von verschiedenen Weltanschauungen und wurden so zum Ziel ihrer Gegner. Bücherverbrennungen hat es deshalb über die Jahrhunderte immer wieder gegeben. Doch erreichte die Zerstörung von Büchern und Bibliotheken im vorigen Jahrhundert ein bisher nie gekanntes Ausmaß. Eingeleitet wurde diese Epoche mit der Zerstörung der Universitätsbibliothek im belgischen Löwen durch deutsche Truppen. Dort verbrannten im August 1914 über eine Viertelmillion Bücher, darunter wertvolle Handschriften und Inkunabeln. Dieses Ereignis wurde für die Alliierten zu einem Symbol der deutschen Kriegsführung.

Dieser Krieg gegen die Bücher ging nach 1918 unbeirrt weiter. In der Sowjetunion wurden in den 1920er Jahren ebenso wie ein Jahrzehnt später im nationalsozialistischen Deutschland Bücher und Bibliotheken vernichtet. Allgemein bekannt ist die «Aktion wider den undeutschen Geist» am 10. Mai 1933, bei der in vielen deutschen Städten Bücher missliebiger Autoren verbrannt wurden. Allein in Berlin waren es 25 000. Die betroffenen Werke wurden in den nachfolgenden Wochen und Monaten aus den Buchhandlungen und Leihbüchereien entfernt und zum Teil eingestampft. Deren Autoren hatten, sofern sie nicht ins Ausland flüchteten, nun keine Möglichkeit mehr, weiter zu publizieren.

Beim Novemberpogrom 1938 verbrannten mit den Synagogen auch erste jüdische Bibliotheken. Die Zerstörung von Bibliotheken und der Bücherraub begleiteten den Holocaust in allen besetzten Ländern. So brannte die Bibliothek der Lubliner Jeschiwa zwanzig Stunden lang, worüber in der *Frankfurter Zeitung* ein hämischer Bericht erschien. Beschlagnahmte Bibliotheken und geraubte Bücher dienten auch zum Aufbau von NS-Bibliotheken, etwa im Reichssicherheitshauptamt, der Zentrale des NS-Terrors, mit alleine zwei bis drei Millionen Bänden.

Während des Zweiten Weltkriegs verbrannten in den Zentren der Buchproduktion und des Buchhandels wie London und Leipzig viele Millionen Bücher während der Bombenangriffe. Die meisten Verlage in der britischen Hauptstadt waren rund um die Paternoster Row nahe der St. Paul's Cathedral angesiedelt und mit diesem Stadtteil wurden auch nicht weniger als

20 Millionen Bücher zerstört. Ebenso verloren auch Bibliotheken oft erhebliche Teile ihres Bestandes. Rund ein Drittel des Vorkriegsbestandes von rund 75 Millionen Bänden in den wissenschaftlichen Bibliotheken Deutschlands wurde im Bombenkrieg vernichtet.

Aber auch nach dem Zweiten Weltkrieg endete das Verbrennen missliebiger Bücher nicht. Es waren vor allem religiöse und weltanschauliche Gründe, die derartige Aktionen beflügelten. Selbst in Deutschland gab es, im Westen wie im Osten, bis in die 1960er Jahre wiederholt Bücherverbrennungen, die sich in erster Linie gegen Heftromane richteten.

Das Verbrennen unerwünschter Literatur stellt einen Extremfall der Zensur dar. Aber auch andere Formen der Zensur wie beispielsweise Schreibverbote erreichten im 20. Jh. einen traurigen Höhepunkt. Im nationalsozialistischen Deutschland wie in der Sowjetunion und den mit ihr nach dem Zweiten Weltkrieg verbündeten Staaten wurden Bücher vor der Veröffentlichung geprüft und nicht gedruckt, wenn der Inhalt unerwünscht war. Solche Werke wurden deshalb nicht selten mit der Schreibmaschine oder sogar von Hand abgeschrieben und so verbreitet. Sie wurden in der Sowjetunion und anderen Ostblockstaaten als Samisdat (russ.: Selbstverlag) bezeichnet, da sie auf diese Weise letztlich im Selbstverlag erschienen. Zensur wurde aber ebenfalls in den westlichen Ländern geübt. Hier vor allem unter dem Vorzeichen der Sittlichkeit. James Joyces *Ulysses* war davon ebenso betroffen wie D. H. Lawrences *Lady Chatterley*. Erst die größere Freizügigkeit seit den 1960er Jahren führte zum Ende dieser Verbote.

Wandel der Medienwelt. Eine Bedrohung eigener Art entstand dem Buch durch neu entstehende, mit ihm konkurrierende Medien. Der Aufstieg des Kinos hatte bereits um die Jahrhundertwende begonnen, ihm folgten zu Beginn der 1920er Jahre der Rundfunk und schon ein Jahrzehnt später die Anfänge des Fernsehens. Mit der wachsenden Bedeutung von Film und Rundfunk drohte jedoch die Monopolstellung des Buches als wichtigstem Bildungs- und Unterhaltungsgut in Gefahr zu geraten.

So sah Samuel Fischer (1859–1934), der Gründer des S. Fischer Verlags, in Film und Rundfunk eine Bedrohung für das Buch, da den Menschen nun die Zeit zum Lesen von Büchern fehle. Klagen und Prophezeiungen über den Niedergang der Buchkultur begleiten uns seitdem.

Schon vor dem Ersten Weltkrieg kamen erste Überlegungen auf, das gedruckte Buch durch neue Technologien zu ersetzen. Nachdem der Physiker Robert Goldschmidt (1877–1935) und Paul Otlet (1868–1944), der Begründer der Dokumentationswissenschaft, schon 1906 über ein «livre microphotographique» geschrieben hatten, war es in der Zwischenkriegszeit ihr Ziel, auf Basis der Microfichetechnik, die auf etwa DIN A6-großen Filmblättern Publikationen verkleinert wiedergibt, eine große Bibliothek aufzubauen. Tatsächlich sammelte die Library of Congress in Washington in den 1920er Jahren mit der Verfilmung von drei Millionen Seiten aus Handschriften und Drucken in der British Library erste Erfahrungen in dieser Richtung.

Auch die Wurzeln des Hörbuchs reichen weit vor den Ersten Weltkrieg zurück. Nach der Erfindung des Phonographen durch Thomas A. Edison (1847–1931) im Jahr 1877 tauchten schon bald Überlegungen auf, diese Technik auch für die Wiedergabe von Büchern zu nutzen. Seit den 1920er Jahren wurden von Schriftstellern – unter ihnen auch Thomas Mann – mit ihren Werken besprochene Schallplatten, auch Sprechplatten genannt, angeboten. Gerade blinden Menschen wurde auf diese Weise der Zugang zur Literatur erleichtert. Diese Schallplattenaufnahmen waren die direkten Vorläufer des Hörbuchs. Die Schallplatte wurde als Trägermedium in den 1970er Jahren von der Kassette abgelöst. Allerdings blieben diese Medien letztlich von geringer Bedeutung und stellten für das gedruckte Buch nie eine echte Konkurrenz dar.

Nach dem Zweiten Weltkrieg nahm die Bedeutung von Hörfunk und Fernsehen überall auf der Welt rasant zu. Der kanadische Philosoph Marshall McLuhan (1911–1980) kam in seinem 1962 erschienenen Werk *The Gutenberg Galaxy* deshalb zu dem Schluss, dass elektronische Medien das gedruckte Buch durch eine veränderte Hör- und Sprechkultur ablösen würden.

Das Jahrhundert der Massenproduktion. Obwohl also das Ende des Mediums Buch im 20. Jh. wiederholt prophezeit wurde, war dieses Jahrhundert jedoch eine Epoche einer weltweit geradezu explodierenden Zahl an Buchpublikationen. Dabei folgte auf eine 1914 endende Wachstumsphase allerdings erst eine bis zu Beginn der 1950er Jahre dauernde Stagnation. Die zweite Jahrhunderthälfte war dann aber durch eine massive Steigerung der Titelproduktion nicht nur in den westlichen Ländern gekennzeichnet. Ähnlich wie in Europa, Nordamerika und Ostasien wurden nach 1960 auch in immer mehr Ländern des übrigen Asien und Südamerikas Jahr für Jahr viele Tausende Bücher auf den Markt gebracht. So wuchs die Zahl der weltweit jährlich veröffentlichten Bücher zwischen 1960 und 1990 von 332 000 auf 842 000 Titel. Die Steigerung der Buchproduktion spiegelte sich in den Bibliotheken, die ihre Bestände innerhalb weniger Jahrzehnte um ein Vielfaches vermehrten.

Der Ausbau des Buchmarkts in Deutschland folgte dieser grob skizzierten Entwicklung. Die Buchproduktion war bis 1913, dem letzten Friedensjahr vor Beginn des Ersten Weltkriegs, kontinuierlich angestiegen. Mit über 35 000 Titeln stand das Land weltweit an erster Stelle, was auch die Rolle des Deutschen als der damals zusammen mit dem Englischen und Französischen führenden Wissenschaftssprache unterstreicht. Während des Krieges sank die Produktion auf weniger als die Hälfte und erholte sich nur ab 1925 kurzzeitig. Mit der Weltwirtschaftskrise sank sie seit 1929 erneut; 1932 kamen in Deutschland nur noch rund 21 000 Titel auf den Markt. In den Jahren der NS-Herrschaft blieb es bis zum Zweiten Weltkrieg bei dieser Größenordnung, worauf sich in den Kriegsjahren die Produktion nochmals halbierte. Eine Neuerung dieser Jahre stellte die aus einer Vielzahl einzelner, austauschbarer Blätter bestehende buchähnliche Loseblattsammlung dar. Sie wurde 1935 für juristische Publikationen eingeführt, da das Buch mit der Geschwindigkeit der Änderung von Gesetzen und Verordnungen im NS-Staat nicht mithalten konnte.

Nach dem Zweiten Weltkrieg stieg die Buchproduktion bis 1960 in Westdeutschland auf 22 500 Titel und hat sich dann in den folgenden zehn Jahren mit 47 100 Titeln mehr als verdoppelt. Die Zahlen stiegen weiter kontinuierlich an und Mitte der achtziger Jahre kamen in der alten Bundesrepublik jährlich rund 52 000 Bücher auf den Markt. Anders in der DDR: Nach einem schnellen Anstieg in den 1950er Jahren erreichte die Buchproduktion 1960 mit 9300 Titeln ihren Höhepunkt. Die Restriktionen aufgrund des sogenannten «Kahlschlagplenums» im Dezember 1965 führten zu einer starken Verringerung der Zahl der jährlich erscheinenden Titel. Die Buchproduktion veränderte sich in den folgenden Jahrzehnten nicht mehr wesentlich und lag 1984 bei rund 6400 Titeln.

Ähnlich wie in der alten Bundesrepublik stieg auch in anderen westlichen Ländern die Produktion nach 1960 stark an. So hat sie sich bis 1990 in Frankreich und Spanien mehr als verdoppelt und in Großbritannien sogar mehr als verdreifacht. Auch außerhalb Europas, nicht zuletzt in China und Indien, vervielfachte sich die Buchproduktion. Das enorme internationale Wachstum ist nicht zuletzt mit dem Taschenbuch verknüpft. Mit kleinformatigen, broschierten und preiswerten Büchern gab es bereits im 19. Jh. erste Vorläuferformen. Die Bändchen der seit 1867 erscheinenden *Reclams Universal-Bibliothek* gibt es noch heute. Das moderne Taschenbuch entstand dann in der Zwischenkriegszeit im angelsächsischen Raum. 1935 erschienen die ersten Titel der bekannten Penguin Books in Großbritannien. Schon bald konnte der Verlag jährlich rund 20 Millionen Exemplare verkaufen. Das wurde möglich, weil Taschenbücher in den USA auch im Zeitschriftenhandel, in Warenhäusern und Supermärkten verkauft wurden.

Nach dem Zweiten Weltkrieg verbreitete sich diese Buchform auch auf dem Kontinent. In Deutschland erschienen die ersten Taschenbücher nach amerikanischem Vorbild 1950 mit den rororo-Taschenbüchern im Rowohlt-Verlag. Während Intellektuelle wie Hans Magnus Enzensberger die Entwicklung kritisch sahen, konnte sich das Taschenbuch schnell auf dem Buchmarkt etablieren. Der Anteil der Taschenbücher an der Gesamtzahl der Titel stieg bis 1960 auf etwa 5 % und hat sich dann bis 1989 nochmals mehr als verdreifacht. Aufgrund der beträchtlichen,

mindestens 30 000 Exemplare betragenden Auflagenzahlen lag
der Anteil an den insgesamt produzierten Exemplaren aber erheblich darüber. Dabei war das Geschäft mit dem Taschenbuch
auf wenige Verlage konzentriert, die diese in industrieller Form
produzierten. Es wurde eine schnell wachsende Zahl von Titeln
auf den Markt geworfen, die in kurzer Zeit umgesetzt werden
musste. Mit dem modernen Taschenbuch entstand eine billige
Buchform, die gerade von den mittleren Einkommensschichten,
aber auch von der aufgrund der Bildungsreformen kontinuierlich wachsenden Zahl von Studierenden, bereitwillig aufgenommen wurde. Es eröffnete vielen Millionen Menschen die Möglichkeit sich eine größere eigene Büchersammlung anzuschaffen
und veränderte zugleich das Aussehen der Buchhandlungen.

Diese hatten seit der Jahrhundertwende mit der zunehmenden Bedeutung der Werbung ihr Erscheinungsbild stark verändert. Wie in anderen Branchen spielte auch für den Buchhandel
das Schaufenster eine zentrale Rolle. Mit der Durchsetzung des
Schutzumschlags, erst für die Belletristik und dann für wissenschaftliche Werke, eröffnete sich eine Vielfalt neuer Werbemög-
lichkeiten. Seit der Jahrhundertwende etablierte sich daneben
der Warenhausbuchhandel, doch war er, anders als die neu entstehenden Buchgemeinschaften, nur in Großstädten von Bedeutung. Die Mitglieder der zu Beginn oft Kirchen und Parteien na-
hestehenden Buchgemeinschaften konnten aus einem begrenzten
Angebot Bücher vergünstigt erwerben. Sie erreichten weite Teile
der Bevölkerung, nicht zuletzt auch auf dem Land und konnten
durch die Verbindung von Produktion und Verkauf Bücher in
guter Ausstattung deutlich billiger anbieten. Die Hochzeit der
Buchgemeinschaften waren die 1920er Jahre und die Jahrzehnte nach dem Zweiten Weltkrieg. Menschen, die bisher selten Bücher gekauft hatten, entdeckten auf diesem Weg das
Buch. Allerdings nicht zur Freude des regulären Buchhandels,
für den die Buchgemeinschaften – allen voran der Bertelsmann
Lesering – eine gefährliche Konkurrenz darstellten.

Ähnlich dem Sortimentsbuchhandel war auch der Verlags-
buchhandel im 20. Jh. von großen Umbrüchen betroffen. Die
Konzentration der Verlage auf einzelne Sparten, die bereits in

der zweiten Hälfte des 19. Jhs. begonnen hatte, setzte sich verstärkt fort. Wenig verändert hat sich dagegen über das Jahrhundert die Zahl von rund 3000 Verlagen allein in Deutschland; in Österreich und der Deutschschweiz waren es jeweils rund 500 Unternehmen. Dazu zählten Publikumsverlage und hochspezialisierte Wissenschaftsverlage ebenso wie kleine Nischenverlage. Eine besonders erfolgreiche und mit den Bildungsreformen nach 1945 weiter stark an Bedeutung gewinnende Sparte stellten Schulbücher dar, die in riesigen Auflagen über lange Zeiträume erschienen. Sie eröffneten einer Reihe von Verlagen wirtschaftlich die Möglichkeit auch andere Bücher auf den Markt zu bringen, deren Auflagen wie Absatzmöglichkeiten gering waren.

Dominierten bis 1945 Berlin und Leipzig das deutsche Druck- und Verlagswesen, so wuchs in den Jahren der deutschen Teilung die Bedeutung vor allem Münchens und Stuttgarts, wohin viele Verlage aus Berlin und Leipzig übersiedelten. Die Leipziger Buchmesse büßte nach dem Zweiten Weltkrieg aufgrund des Ost-West-Gegensatzes deutlich an internationaler Bedeutung ein; an ihre Stelle trat seit 1949 die Frankfurter Buchmesse als der international wichtigste Treffpunkt der Buchbranche. Deren Besucherzahl stieg von 14000 Personen 1949 auf über eine Viertelmillion in den 1980er Jahren. Durch renommierte Auszeichnungen wie den seit 1950 verliehenen «Friedenspreis des Deutschen Buchhandels» gelang es der Messe, weit über den Buchhandel hinaus Aufmerksamkeit zu gewinnen. Die Stadt konnte damit die zentrale Rolle, die sie bis ins 18. Jh. für den Buchhandel gespielt hatte, zurückgewinnen und nimmt seitdem als internationaler Messestandort eine Funktion wahr, die ihr auch von den international führenden Verlagsmetropolen New York, Paris und London nicht streitig gemacht wird.

Die Buchgestaltung. Für die Buchillustration waren die 1920er Jahre als sich so renommierte Künstler wie Ernst Barlach (1870–1938) oder Alfred Kubin (1877–1959) auf diesem Feld betätigten, in der Tat goldene Jahre. Holzschnitt und Lithografie waren als Techniken gleichermaßen beliebt. Mit der Weltwirtschaftskrise und der nachfolgenden NS-Zeit kam diese wohl bedeutendste Periode der künstlerischen Buchproduktion in Deutschland zu ihrem Ende. Nach dem Zweiten Weltkrieg konnte nur zum Teil wieder an diese Tradition angeknüpft werden. Besonders gepflegt wurde die Buchgrafik allerdings in der DDR, die in ihrem eigenen Selbstverständnis ein Leseland war. Dagegen verlor sie im Westen für die unterhaltende Literatur allmählich ihre Bedeutung, denn Illustrationen wurden hier mehr und mehr nur noch als Kostenfaktor wahrgenommen.

Während die Fotografie für die Illustration belletristischer Werke keine Rolle spielte, prägte sie das Erscheinungsbild von Fach- und Reisebüchern. Mit dem Bildband entstand in den 1920er Jahren ein Buchtypus, bei dem die Fotografie gegenüber dem Text die Hauptrolle spielt. Doch auch für die wissenschaftliche Literatur gewann die Fotografie zentrale Bedeutung. Mit ihr eröffneten sich den unterschiedlichsten Fächern, ob nun der Astronomie, der Medizin oder der Kunstgeschichte eine Fülle neuer Möglichkeiten der Darstellung ihrer Inhalte. Eine zunehmend wichtigere Rolle spielten gerade für wissenschaftliche Werke neben der Fotografie aber auch Diagramme, Grafiken und Tabellen.

Das äußere Erscheinungsbild der Bücher prägten farbige Einbände und Schutzumschläge, die nun für sämtliche Arten von Literatur eine wichtige Rolle spielten und nicht zuletzt die Aufgabe hatten, verkaufsfördernd zu wirken. Obwohl sie nicht selten von bedeutenden Grafikern und Künstlern gestaltet wurden, sind sie oft nicht erhalten geblieben. Wenn sie beschädigt waren, wurden sie meist weggeworfen und Bibliotheken entfernen sie meist sogar schon bei der Erwerbung eines Buches.

Große Veränderungen vollzogen sich auch in der Typografie. Überall in Europa und Nordamerika wurde neue Schrifttypen entwickelt. Während aber in den übrigen europäischen Ländern schon seit vielen Jahrhunderten die Antiqua üblich war, gab es im deutschen Sprachraum bis in die 1940er Jahre ein Nebeneinander von Fraktur und Antiqua. Selbst 1930 wurde noch deutlich mehr als die Hälfte aller Bücher in Fraktur gedruckt. Die Antiqua war dagegen vor allem die Schrift der wissenschaftlichen Werke, die zu einem erheblichen Teil außerhalb des deutschen Sprachraums abgesetzt wurden. Dies galt seit dem Aufstieg des Deutschen zu einer der international führenden Wissenschaftssprachen für Bücher zu Medizin, Naturwissenschaften und Technik schon seit dem 19. Jh. Allerdings hat sich die Diskussion über die Typografie in den Weimarer Jahren auch politisch aufgeladen, so dass die Antiquaschrift mit den linken und die Frakturschrift mit den rechten Parteien verbunden wurde.

Während der NS-Zeit wurde deshalb anfänglich die Fraktur als die deutsche Schrift schlechthin propagiert, doch dann erfolgte 1941 die Wendung hin zur Antiqua. Dabei spielte die Tatsache, dass Publikationen in Fraktur in den besetzten Ländern nur schwer gelesen werden konnten, eine entscheidende Rolle. Es mutet fast schon kurios an, dass ausgerechnet während der NS-Herrschaft dauerhaft auf die Antiqua umgestellt wurde und damit Deutschland in typografischer Hinsicht nicht mehr länger eine Sonderrolle spielte. Diese Umstellung wurde auch in der neutralen Schweiz vollzogen und so erschien die *Neue Zürcher Zeitung* seit 1946 in Antiqua. Aufgrund ihres nationalistischen Charakters wurde die Fraktur nach dem Zweiten Weltkrieg nicht wiedereingeführt und verschwand so weitestgehend aus dem Alltag.

Für einen großen Teil der Buchproduktion des 20. Jhs. ist die geringe Qualität der verwendeten Papiere geradezu kennzeichnend. Während der Kriege war Papier knapp und mangelhaft verarbeitet. Aber auch in der Zwischenkriegszeit und nach dem Zweiten Weltkrieg wurde aus wirtschaftlichen Gründen häufig schlechtes, holzhaltiges Papier verwendet. So wurden auch die meisten Taschenbücher auf solche Papiere gedruckt. Nach wenigen Jahren vergilbten die Seiten und wurden allmählich auch brüchig.

Offsetdruck und Fotosatz. Die bis 1914 entwickelten Druck- und Setzmaschinen wurden nach dem Ersten Weltkrieg weiter verbessert und so die Produktionskapazitäten sukzessive weiter ausgebaut. Zu tiefgreifenden Veränderungen führte jedoch die

Einführung des Offsetdrucks seit den 1960er Jahren. Es handelt sich bei diesem, wie bei der Lithografie, um ein Flachdruckverfahren und beruht ebenfalls auf der chemischen Abstoßung von Fett und Wasser. Anders als bei der Lithografie handelt es sich allerdings um ein indirektes Druckverfahren, bei dem die Farbe von der Druckform zuerst auf einen mit einem Gummituch bespannten Zylinder und dann erst auf das Papier übertragen wird. Schon zu Beginn des 20. Jhs. von Ira W. Rubel (1860–1908) in den USA entwickelt, konnte der Offsetdruck erst nach vielen Verbesserungen allmählich auch für den Druck von Büchern an Bedeutung gewinnen.

Um 1970 wurde schon mehr als die Hälfte aller Bücher im Offsetdruck produziert. Dieser löste die herkömmlichen Verfahren weitestgehend ab, so dass er seitdem die Buchproduktion ebenso wie die gesamte Druckindustrie beherrscht. Er konnte sich durchsetzen, da Bücher bereits ab Auflagen von 500 Exemplaren in sehr guter Qualität preisgünstig produziert werden konnten. Kostensenkend wirkte sich auch die Möglichkeit aus, Papiere geringerer Qualität verwenden zu können, was dazu führte, dass Taschenbücher mitunter den Charakter von Wegwerfprodukten annahmen.

Der Handsatz und ebenso die Gieß- und Setzmaschinen, die Linotype ebenso wie die Monotype, wurden seit den 1960er Jahren allmählich durch den Fotosatz ersetzt. Die Durchsetzung dieses Verfahrens erfolgte aus technischen Gründen parallel zur Einführung des Offsetdrucks. Der seit dem Beginn des Buchdrucks genutzte Bleisatz aber spielte eine immer geringere Rolle. Nun wurde ein Film mit Buchstaben belichtet, der dann zur Herstellung der Druckvorlage verwendet wurde. Damit aber wurden Setzer nicht mehr länger gebraucht und es verschwand damit einer der prägenden Berufe des traditionellen Druckgewerbes. Letztlich veränderten Fotosatz und Offsetdruck die Buchproduktion ähnlich tiefgreifend wie die Einführung der Druck- und Setzmaschinen im 19. Jh. Die auf Gutenberg zurückgehende Form des Buchdrucks gehört seitdem endgültig der Vergangenheit an.

Das Buch der Gegenwart

Digitalisierung. Deutlich früher als meist vermutet beginnt die Vorgeschichte des elektronischen Buches: Schon 1931 stellte Emanuel Goldberg (1881–1970), damals Direktor des Kamerakonzerns Zeiss Ikon, ein Modell seines Geräts zur Codierung und maschinellen Wiederauffindung von Informationen auf einem Kongress in Dresden vor. Die «Statistische Maschine» verknüpfte die Mikroaufnahmen von umfangreichen Dokumentenbeständen oder mikroverfilmter Literatur mit einem digitalen Code. Die zeitgenössische Presse sprach von «Wundertischen, in deren Inneren sich eine ganze Bibliothek auf Filmen befindet». Die Umsetzung seiner Idee, die als Beginn der Suchmaschinentechnologie gesehen wird, verhinderte allerdings Goldbergs Flucht vor den NS-Schergen 1933.

Vannevar Bush (1890–1974), einer der Pioniere der Computertechnologie, hat auf Goldbergs Gedanken aufbauend 1945 über die Entwicklung einer Rechenmaschine zum Speichern und Recherchieren wissenschaftlicher Texte, den von ihm so genannten Memory Extender (Memex), publiziert. Diesen ersten theoretischen Überlegungen folgten seit den 1960er Jahren wegweisende technische Entwicklungen an Universitäten in den USA, allen voran dem Stanford Research Institute. Die entscheidende Entwicklung, die die breite Nutzung elektronischer Publikationen in greifbare Nähe rückte, war die Einführung des Personal Computers in der zweiten Hälfte der 1970er Jahre.

Nun begann der Aufstieg des E-Book, des Elektronischen Buchs. Der Begriff E-Book bezeichnet im eigentlichen Sinn ein als Datei vorliegendes Buch, für dessen Lektüre ein Lesegerät – ein E-Book-Reader – erforderlich ist. Im täglichen Sprachgebrauch wird hier oft nicht genau unterschieden.

Erste E-Books wurden auf Disketten angeboten, erwiesen sich aber wirtschaftlich als wenig erfolgreich. Erst mit der CD-

ROM stand dann um 1990 ein für die breitere Anwendung deutlich besser geeignetes Speichermedium für E-Books zur Verfügung. Manche Propheten sahen nun das Ende des gedruckten Buches unmittelbar bevorstehen.

Parallel dazu begann in den frühen 1990er Jahren die Entwicklung des World Wide Web (WWW), das in der Geschichte des Buches dann tatsächlich einen tiefen Einschnitt markieren sollte. Es wurde 1989 wesentlich von dem britischen Physiker Tim Berners-Lee entwickelt und hat schon wenige Jahre später begonnen, die Informationslandschaft in einer Weise zu verändern wie zuletzt die Erfindung des Buchdrucks im 15. Jh. Schon zehn Jahre nach seiner Entwicklung wurde das Web bereits von rund 450 Millionen Menschen genutzt, zwanzig Jahre später sollten es dann rund vier Milliarden sein und damit mehr als die Hälfte der Weltbevölkerung.

Erst das WWW schuf die Möglichkeit, weltweit auf Servern gespeicherte elektronische Bücher praktisch unbegrenzt auf einfache Weise zugänglich zu machen. E-Books auf CD-ROM wurden deshalb wenige Jahre nach ihrer Einführung schon wieder zu Auslaufmodellen. Ab der Jahrtausendwende boten Verlage über das Web zugängliche E-Book-Bibliotheken an. Den Anfang machten wissenschaftliche Publikationen, denen einige Jahre später belletristische Werke folgten.

Während der Erfolg des E-Books bei wissenschaftlichen Publikationen schon früh einsetzte, verzögerte sich dieser auf dem Publikumsmarkt, da hier die Lektüre am Computerbildschirm kaum in Frage kam. Es mussten erst besser geeignete Lesegeräte – E-Reader – entwickelt werden. Einer der ersten war der seit 1991 angebotene Data Discman von Sony. Das E-Book gewann für die Freizeitlektüre aber erst wirklich Bedeutung als die Lesegeräte entsprechend komfortabel und vor allem leicht waren. Den entscheidenden Durchbruch stellte der Kindle dar, den Amazon 2007 auf den Markt brachte. E-Reader weiterer Anbieter folgten, so auch der vom Buchhandel im deutschsprachigen Raum vertriebene Tolino. Der Absatz der E-Reader erreichte allerdings schon 2012 seinen Höhepunkt, da die Geräte nun wiederum von Smartphones und Tablets ersetzt wurden.

Der Erfolg des E-Books ist allerdings in den einzelnen Ländern sehr unterschiedlich, was von einer Reihe von Faktoren abhängt. Eine wesentliche Rolle spielt dabei die Dichte der Buchhandlungen. Dies erklärt, warum das E-Book in den USA so viel erfolgreicher war als in vielen europäischen Ländern. Während E-Books in den USA über ein Fünftel des Gesamtumsatzes auf dem Buchmarkt ausmachen, waren es in Deutschland 2018 gerade einmal 5 %. Wurde zu Beginn der 2010er Jahre ein Boom der E-Books erwartet, so haben sich die Zahlen weitgehend stabilisiert.

Bücher erscheinen in der Gegenwart meist sowohl gedruckt als auch in einer Online-Ausgabe. Anders als in den 1990er Jahren vielfach erwartet, konnten E-Books das gedruckte Buch also auch trotz der Möglichkeiten des Web nicht verdrängen. Eine wichtige Ausnahme stellen jedoch Enzyklopädien und Lexika dar, über deren Zukunftsfähigkeit schon zu Anfang der 2000er Jahre eifrig diskutiert wurde. Mit der 2001 gegründeten Wikipedia war eine bedrohliche Konkurrenz entstanden, die aufgrund ihre Aktualität und Breite die traditionellen Enzyklopädien innerhalb weniger Jahre verdrängen sollte. Der Druck der *Encyclopedia Britannica* musste deshalb 2012 eingestellt werden, ein Jahr später folgte die *Brockhaus Enzyklopädie*. Die über zwei Jahrhunderte in den Haushalten des Bildungsbürgertums so selbstverständlichen Enzyklopädien wurden innerhalb weniger Jahre überflüssig.

Es ist heute ohne Probleme möglich, ein bereits in digitaler Form vorliegendes Buchmanuskript gedruckt und/oder als E-Book auf den Markt zu bringen. Wenn der Text in digitaler Form vorliegt, was heute fast immer der Fall ist, kann die Datei direkt an das Drucksystem übertragen werden. Mit der Digitaldrucktechnik, egal ob Laserstrahl- oder Tintenstrahlverfahren, ist es möglich, auch kleine und kleinste Auflagen kostengünstig zu produzieren. Mit dem Aufkommen der Digitaldrucktechnik konnte sich deshalb seit Mitte der 1990er Jahre das Book-on-Demand etablieren.

Auch ältere Werke werden inzwischen in elektronischer Form angeboten. Da die Scantechnologie anfänglich den Anforderungen noch nicht genügte, wurden ältere Bücher und Zeitschriften zuerst am Computer abgeschrieben. Diese Arbeiten lagerten Verlage bevorzugt in Länder mit niedrigen Arbeitskosten, etwa Indien, aus. Als jedoch die Scanner entsprechend ausgereift waren, setzte die Digitalisierung älterer Literatur in großem Stil ein. Google, 1997 gegründet, begann Mitte der 2000er Jahre große Teile der Bestände von Bibliotheken zu scannen. Die Bayerische Staatsbibliothek arbeitet seit 2007, die Österreichische Nationalbibliothek seit 2010 bei der Digitalisierung mit Google zusammen. Auch kleinere Bibliotheken, wie die des Deutschen Museums in München, haben sich diesem breit angelegten Vorhaben angeschlossen. So konnten auf diese Weise bis 2019 weltweit rund 40 Millionen Bücher gescannt werden, die über Google Books und die Webangebote der Bibliotheken zugänglich sind.

Es waren diese von einem großen Medienecho begleiteten Kooperationen, die bei vielen den Eindruck erweckten, dass nun jedes jemals erschienene Buch frei zugänglich im Internet zu finden sei. Doch dem ist nicht so, da allein schon aufgrund des Urheberrechts nach 1900 erschienene Werke erst in geringer Zahl digitalisiert werden konnten. Umfasst doch der urheberrechtliche Schutz nicht nur die Autoren, sondern weitere beteiligte Personen, wie etwa Illustratoren oder Fotografen, was die Digitalisierung vor große Herausforderungen stellt.

Verlage und Buchhandel in der Globalisierung. Das Verlagsgeschäft kennzeichnet in den letzten Jahrzehnten eine fortschreitende Konzentration und eine damit einhergehende Globalisierung. Die Verlage mit den größten Marktanteilen sind oft Teil internationaler Medienkonzerne. Für diese spielt das Buchgeschäft meist nur eine Nebenrolle, das Fernsehen und vor allem Online-Medien sind die wichtigeren Bereiche. Diese Medienkonzerne sind finanziell in der Lage, Bücher schnell in die verschiedensten Sprachen übersetzen zu lassen und mit der Verfilmung ihrer Bestseller die erfolgreiche Vermarktung weiter voranzutreiben. Die Bücher erscheinen in Millionenauflagen und werden in vielen Buchhandlungen, oft begleitet von Mer-

chandising-Produkten prominent platziert. Zu diesen Medien-
riesen zählen in Deutschland Bertelsmann und in Frankreich
Hachette.

Einzelne Segmente des Verlagswesens werden inzwischen
durch eine Handvoll global agierender Unternehmen beherrscht.
So wird der Markt für Literatur zu Medizin, Naturwissenschaften und Technik in der Gegenwart von der RELX Group,
Springer Nature und Wiley dominiert. Diese drei Unternehmen
gehören mit ihren Milliardenumsätzen weltweit zu den zehn
umsatzstärksten Verlagsgruppen. Da das Englische in diesen
Fächern die einzig relevante Wissenschaftssprache ist, bietet
sich den Verlagen für ihre Produkte ein weltumspannender Absatzmarkt.

Während für Großverlage dieser Art die Gewinnmaximie-
rung im Vordergrund steht, gibt es aber weiterhin ein breites
Spektrum von kleinen und mittleren Verlagen, die das Buch
nicht nur unter wirtschaftlichen Gesichtspunkten sehen. Gerade
in Europa mit seiner sprachlichen Vielfalt gibt es Abertau-
sende oft auf fachliche oder regionale Teilmärkte ausgerichtete
Verlage. Allein in Deutschland sind es rund 3000 mit rund
25 000 Beschäftigten und damit ein Fünftel aller Verlagsmit-
arbeiter in der Europäischen Union.

Stark verändert hat sich in den letzten Jahrzehnten der Buchhandel. Gab es zu Beginn der 2000er Jahre in Deutschland noch
über 5000 Buchhandlungen so waren es 2019 nur noch gut
3300. Für diese Entwicklung gibt es zwei wesentliche Ursachen:
Die zunehmende Bedeutung des Online-Handels und die der
großen Buchhandelsketten.

Mit dem 1998 erfolgten Einstieg des vier Jahre zuvor gegründeten Onlineversandhändlers Amazon in den deutschen Markt
entstand den Buchhandlungen quasi über Nacht eine flächende-
ckende Konkurrenz. Die Möglichkeiten des Internet wurden
zwar auch von den inländischen Buchhändlern erkannt, die auf
diese Weise eine breitere Auswahl als im Ladengeschäft bieten
können, doch konnten sie den Marktanteil von Amazon am
Online-Buchhandel in Höhe von rund 90% nicht ernsthaft ge-
fährden. Die Umsätze im deutschen Internetbuchhandel stiegen

von 2002 mit gut 500 Millionen Euro bis 2019 auf fast 1,9 Milliarden Euro.

Der Gesamtumsatz des stationären Buchhandels, also der Ladengeschäfte, entfällt seit vielen Jahren gleichbleibend zu annähernd der Hälfte auf lediglich gut zwei Dutzend Unternehmen. Die Branchenriesen Thalia/Mayersche, Hugendubel und Osiander betrieben 2019 allein mehr als 500 Filialen, in denen über ein Viertel aller im Buchhandel Beschäftigten arbeiteten. Diese Entwicklung hatte 1979 mit der Eröffnung des ersten Buchkaufhauses von Hugendubel am Münchner Marienplatz begonnen und sich als eine über viele Jahrzehnte wirtschaftlich sehr erfolgreiche Form des Buchhandels erwiesen. Eine ähnliche Position nehmen in Österreich Libro und in der Schweiz Orell Füssli Thalia ein. Die Bedeutung von Buchhandelsketten und auch des Buchverkaufs in Supermärkten ist allerdings in Frankreich und Großbritannien noch wesentlich größer als in den deutschsprachigen Ländern.

Der Umsatz des deutschen Buchhandels schwankt seit vielen Jahren zwischen 9 und 10 Mrd. €. Der Buchhandel ist damit ein mehr oder minder stagnierender Markt, der sich aufgrund der tendenziell sinkenden Zahl der regelmäßigen Buchkäufer großen Herausforderungen gegenübersieht. Dies zeigt die Konkurrenz, der das Buch vor allem durch das Internet ausgesetzt ist.

Buchproduktion. Die Entwicklung der Computertechnik und der elektronischen Medien führte, da die Zahl der gedruckten Bücher kaum zurückging, in der Summe zu einer erheblichen Steigerung der Publikationszahlen. Dies ist auch darauf zurückzuführen, dass die Informationstechnik, vor allem die Digitalisierung, den Verfassern eine Fülle neuer Möglichkeiten eröffnet. Früher zeitaufwendige Recherchen sind nun oft in kurzer Zeit möglich, was das Verfassen von Publikationen jeglicher Art beschleunigt. Nicht alles, was da entsteht, kann allerdings von kommerziellen Verlagen vermarktet werden. Die Verbreitung des Computers seit Mitte der 1970er Jahre gab Autoren verstärkt die Möglichkeit ohne die Hilfe von Verlagen Bücher auf dem Wege des Desktop Publishing zu produzieren. Dies führte zu einem sprunghaften Wachstum der Publikationszahlen. Der Eigenverlag, das Self-Publishing, hat deshalb seit einigen Jahren erheblich an Bedeutung gewonnen. Diese erscheinen als E-Books wie als gedruckte Bücher.

Die Buchproduktion im vereinten Deutschland stieg nach 1990 kontinuierlich an und erreichte 2007 mit über 86 000 Titeln ihren bisherigen Höhepunkt und ging danach zurück. Allerdings werden E-Books und Titel, die im Print-on-Demand-Verfahren vertrieben werden, nicht vollständig erfasst. Die Zahlen für Österreich und die Schweiz liegen relativ stabil bei jeweils annähernd 10 000 Neuerscheinungen pro Jahr, so dass im gesamten deutschen Sprachraum jährlich rund 100 000 Bücher auf den Markt kommen. Die wachsende Zahl der Titel ging jedoch in den letzten Jahrzehnten aufgrund des zurückgehenden Absatzes mit sinkenden Auflagenzahlen einher.

Der deutschsprachige Raum hat einen Anteil von rund 5 % an der globalen Buchproduktion. Diese wird auf annähernd zwei Millionen Titel pro Jahr geschätzt, wovon rund die Hälfte auf China, die USA und Großbritannien entfällt. Es ist kaum möglich, auch nur einigermaßen vergleichbare und verlässliche Zahlen für die einzelnen Länder zu ermitteln. Sicher aber ist jedoch, dass viele Länder in Afrika, Asien und auch Südamerika mit einer Produktion von jährlich weniger als 500 Titeln im globalen Rahmen nicht ins Gewicht fallen. Die Buchproduktion spiegelt wie in einem Brennglas die globale Ungleichverteilung von Bildungschancen und Wohlstand wider. Dies zeigt sich ebenso bei den Bibliotheken, von denen 67 % in Europa, 19 % in Nordamerika, 13 % in Asien und Ozeanien jedoch nur 0,8 % in Südamerika und 0,2 % in Afrika zu finden sind.

So behindert in der Gegenwart die Ungleichverteilung der materiellen Ressourcen weiterhin den Zugang zu Büchern. Der Analphabetismus hingegen, früher ein bedeutendes Zugangshindernis zum Buchwissen, weist stark rückläufige Zahlen auf. Während 1920 erst ein knappes Drittel der Weltbevölkerung lesen konnte – wovon der überwiegende Teil in Europa und Nordamerika lebte –, lag der Anteil um die Jahrhundertmitte schon bei rund der Hälfte und stieg bis 1990 auf mehr als Dreiviertel. Heute liegt der Anteil der Analphabeten bei nur noch rund 10% der Weltbevölkerung. Allerdings gibt es – ähnlich wie in der vorindustriellen Epoche in Europa – in vielen unterentwickelten Ländern hinsichtlich der Lesefähigkeit noch einen deutlichen Geschlechterunterschied. Lediglich in 14, meist westafrikanischen Ländern können auch heute noch immer mehr als die Hälfte aller Menschen nicht lesen. Global betrachtet aber zeichnet sich das Ende einer langen, sich über Jahrhunderte hinziehenden Entwicklung zur weltweiten Vollalphabetisierung ab.

Hat das gedruckte Buch noch eine Zukunft?

Über die vergangenen Jahrzehnte wurde in zahllosen Beiträgen in Zeitschriften und Zeitungen ebenso wie in Büchern die Zukunft des Buches wieder und wieder kontrovers diskutiert. Anhänger des gedruckten Buchs stehen solchen des E-Books gegenüber. Eines aber eint die Kontrahenten: Dass das Buch eine Zukunft hat, darin sind sich alle einig. Es ist ein Streit um die physische Form, nicht um die Existenz des Buches.

Das Buch aber hat im Verlauf seiner Geschichte, dies sollte die vorliegende Publikation deutlich gemacht haben, ganz unterschiedliche Formen angenommen. Das elektronische Buch ist der jüngste Spross in der viele Jahrtausende langen Geschichte des Buches. Fundamentale Medienwechsel aber haben nie zum Ende des Buches als solchem geführt. Mit dem Medienwandel, der sich seit einigen Jahrzehnten vollzieht, ist der Übergang von der Rolle zum Codex in der Spätantike und der von der mittelalterlichen Handschrift zum gedruckten Buch zu Beginn der Neuzeit sicher in vielerlei Hinsicht vergleichbar.

Die erwähnten Umbrüche aber vollzogen sich im Laufe vieler Generationen und nicht innerhalb einer relativ kurzen Zeitperiode, wie es heute von vielen für den Medienwandel unserer Zeit erwartet wird. Auch dieser Wandel, wenn er denn zu Verdrängung des gedruckten Buches führen sollte, wird sich ebenfalls über einen langen Zeitraum erstrecken.

Dafür spricht der Umstand, dass die Digitalisierung zwar in den vergangenen Jahrzehnten tatsächlich einige Spielarten des gedruckten Buches wie Enzyklopädien oder Telefonbücher verdrängen konnte, dass Zeitungen mit sinkenden Auflagenzahlen kämpfen und wissenschaftliche Zeitschriften immer mehr nur noch in elektronischer Form erscheinen. Gleichzeitig wächst aber der Anteil der E-Books auf dem Publikumsmarkt nur langsam, und auch viele junge Menschen greifen gerne zu gedruckten Büchern.

Viel eher als das Verschwinden des gedruckten Buches ist ein dauerhaftes Nebeneinander der beiden Medienformen zu erwarten. Dass die Untergangsszenarien des gedruckten Buches nicht zuletzt von handfesten ökonomischen Interessen getrieben werden, dürfte inzwischen allgemein bekannt sein. Es spricht viel dafür, dass es für lange Zeit beim Nebeneinander des gedruckten Buchs und des E-Books bleiben wird.

Leserinnen und Leser werden, abhängig von Inhalt und Zweck, Bücher in beiden Formen nutzen. Die Zukunft gehört dem schnellen Zugriff und der Nutzung digitaler Daten – über welches Endgerät auch immer – ebenso wie dem konzentrierten Lesen in einem gediegen gearbeiteten, gedruckten Buch. Es werden die Inhalte sein, die entscheidend dafür sind, in welcher Form ein Buch gelesen wird, ob gedruckt oder elektronisch. Auch gibt der Wunsch vieler Menschen nach einer nicht technologieabhängigen, immer verfügbaren und völlig privaten Lektüre dem gedruckten Buch eine langfristige Zukunft.

Literatur

Barbier, Frédéric: Histoire du livre. 2. éd. Paris 2009.

Biedermann, Hans: Altmexikos heilige Bücher. Graz 1971.

Blanck, Horst: Das Buch in der Antike. München 1992.

Boardley, John: Erfindung des Buchs. Zwölf Innovationen der frühen Druckgeschichte. Darmstadt 2020.

Buckland, Michael: Vom Mikrofilm zur Wissensmaschine. Emanuel Goldberg zwischen Medientechnik und Politik. Berlin 2010.

Cave, Roderick und Sara Ayad: Die Geschichte des Buches in 100 Büchern. 5000 Jahre Wissbegier der Menschheit. Hildesheim 2015.

Eisenstein, Elizabeth L.: The Printing-Press as an Agent of Change. Communications and Cultural Transformations in Early-Modern Europe. Cambridge 1979.

Faulstich, Werner: Die Mediengeschichte des 20. Jahrhunderts. München 2012.

Febvre, Lucien und Henri-Jean Martin: L'apparition du livre. Paris 1958.

Fetzer, Günther: Das Taschenbuch. Geschichte, Verlage, Reihen. Tübingen 2019.

Funke, Fritz: Buchkunde. Die historische Entwicklung des Buches von der Keilschrift bis zur Gegenwart. 6. Aufl. Wiesbaden 2006.

Füssel, Stephan: Johannes Gutenberg. 6. Aufl. Reinbek bei Hamburg 2019.

Geschichte der Buchkultur. Bd. 1: Griechisch-römische Antike; Bd. 3: Frühmittelalter; Bd. 4: Romanik; Bd. 5: Gotik; Bd. 6: Renaissance; Bd. 7: Barock. Graz 1999–2018.

Geschichte des deutschen Buchhandels im 19. und 20. Jahrhundert. Im Auftrag des Börsenvereins des Deutschen Buchhandels hrsg. von der Historischen Kommission. Bd. 1: Das Kaiserreich 1871–1918. Tl. 1–3. Frankfurt a. M. 2001–2010; Bd. 2: Die Weimarer Republik 1918–1933. Tl. 1–2. Frankfurt a. M. 2007–2012; Bd. 3: Drittes Reich. Tl. 1–2: Berlin 2015–2018.

Giesecke, Michael: Der Buchdruck in der frühen Neuzeit. Eine historische Fallstudie über die Durchsetzung neuer Informations- und Kommunikationstechnologien. 4. Aufl. Frankfurt a. M. 2006.

Glocker, Winfrid: Drucktechnik. Ein Begleitbuch zur Ausstellung im Deutschen Museum. München 2007.

Haarmann, Harald: Universalgeschichte der Schrift. Frankfurt a. M., New York 1990.

Hagner, Michael: Zur Sache des Buches. Göttingen 2015.

Hilz, Helmut: Buchgeschichte. Eine Einführung. Berlin 2019.

Jakobi-Mirwald, Christine: Das mittelalterliche Buch. Funktion und Ausstattung. Stuttgart 2004.

Janzin, Marion und Joachim Güntner: Das Buch vom Buch. 5000 Jahre Buchgeschichte. 3. Aufl. Hannover 2007.

Kaufmann, Thomas: Die Druckmacher. Wie die Generation Luther die erste Medienrevolution entfesselte. München 2022.

Labarre, Albert: Histoire du livre. 5. éd. Paris 1990.

Lyons, Martyn: Das Buch. Eine illustrierte Geschichte. Hildesheim 2012.

Pedersen, Johannes: The Arabic Book. Princeton (New Jersey) 1984.

Rautenberg, Ursula (Hrsg.): Reclams Sachlexikon des Buches. Von der Handschrift zum E-Book. 3. Aufl. Stuttgart 2015.

Raven, James (Hrsg.): The Oxford Illustrated History of the Book. Oxford 2020.

Rebel, Ernst: Druckgrafik. Geschichte und Fachbegriffe. 2. Aufl. Stuttgart 2009.

Schneider, Ulrich Johannes (Hrsg.): Seine Welt wissen. Enzyklopädien in der Frühen Neuzeit. Darmstadt 2006.

Schubart, Wilhelm: Das Buch bei den Griechen und Römern. 3. Aufl. Heidelberg 1962.

Stein, Peter: Schriftkultur. Eine Geschichte des Schreibens und Lesens. Darmstadt 2006.

Steinberg, Sigfrid H.: Die schwarze Kunst. 500 Jahre Buchdruck. München 1958.

Suarez, Michael F. und H. R. Woudhuysen (Hrsg.): The Book. A Global History. Oxford 2013.

Wilke, Jürgen: Grundzüge der Medien- und Kommunikationsgeschichte. 2. Aufl. Köln u. a. 2008.

Wittmann, Reinhard: Geschichte des deutschen Buchhandels. 4. Aufl. München 2019.

Würgler, Andreas: Medien in der Frühen Neuzeit. 2. Aufl. München 2013. (= Enzyklopädie deutscher Geschichte, Bd. 85)

Bildnachweis

Vorderer Vorsatz: Aus: L'Encyclopédie ou dictionnaire raisonné des sciences, des arts et des métiers. Recueil de planches, Bd. 7 (Archiv Deutsches Museum, München, BN 11666)

S. 19: Aus: Horst Blanck, Das Buch in der Antike, München 1992

S. 31: Stadtbibliothek im Bildungscampus Nürnberg, Amb.317.2°, f. 34v.

S. 38: Grafik des Autors, basierend auf den Zahlen von: Buringh und van Zanden, in: The Journal of Economic History 69 (2009)

S. 63: Aus: Jan van der Straet, Nova reperta, Antwerpen ca. 1580 (Archiv Deutsches Museum, München, CD 67681)

S. 98: Aus: Illustrirte Zeitung. Wöchentliche Nachrichten über alle Ereignisse, Zustände und Persönlichkeiten der Gegenwart. Bd. 23 (1854) (Archiv Deutsches Museum, München, CD 86762)

Hinterer Vorsatz: Aus: Julien Turgan, Les grandes usines – études industrielles en France et à l'étranger, Bd. 1, Paris 1865 (Archiv Deutsches Museum, München, CD 86761)

Dank

Für Lektüre, Hinweise und Korrekturen habe ich einer Bibliothekarin (Eva Bunge), einem Historiker (Stephan H. Lindner), einem Drucktechniker (Reimund Degen) und meinen Söhnen (Sebastian und Benedikt Hilz) zu danken. Mein ganz besonderer Dank gilt Alexandra Schumacher vom Verlag C.H.Beck für die aufmerksame und immer liebenswürdige Betreuung dieses Buchprojekts.

Sachregister